U0001614

WEB3 趨勢大解讀

日本網路教父教你一次看懂 元宇宙、區塊鏈、NFT

テクノロジーが予測する未来 web3、
メタバース、NFT で世界はこうなる

伊藤穰一 Joichi Ito ——著
卓惠娟——譯

前言　世界開始以新的遊戲規則運轉

我的心情從來不曾如同此刻般興奮。

因為過去我們曾目睹網路的出現，以及其他帶來各種刺激時代變遷的事物，而目前正站在見證新科技即將掀起的歷史性巨大轉型時刻。

近年來聽到「WEB3」、「元宇宙」（metaverse）、「NFT」等詞彙的機會大增。或許很多人認為這只是一些熱愛科技人士之間的熱門話題，和自己全然無關。其實網際網路最初問世時也有類似的情景。

我長年累月投資網路事業，也支援推特（twitter）等網路新創事業的培育、拓展。從一九八四年左右開始使用數據機（連接網路的設備），熟悉網路的我，很可能是少數見證IT發展史的日本人之一。

一九九〇年代初期，我周遭談論有關網路話題的人還寥寥無幾，但現在幾乎人人都單手持著終端裝置（例如智慧型手機、平板電腦）。不論走到哪裡隨時都可上網的景象，已經成為常態。

網際網路誕生至今大約半個世紀，在社會上普及約二十多年，對大部分的人而言，應當已經無法想像沒有網路的生活吧？

WEB3、元宇宙、NFT未來很可能和我們熟知的網際網路同樣普及，前所未有的變革即將發生，邁向人們會說「難以想像沒有這些工具」、「不會使用這些工具的人實在很困擾」的時代。

WEB3、元宇宙、NFT所引發的巨大變化將影響「工作模式」、「文化」、「身分認同」、「教育」、「民主主義」等領域，任何人都無法逃避。這樣的巨大變化，究竟是什麼呢？本書將深入淺出加以說明。

此外，由於書中將大量出現WEB3、DAO等大家還不太熟悉的詞彙，因此我會在序章中說明入門的基礎內容。如果已經了解這些詞彙的讀者，可以跳過序章，從第一章開始閱讀。

詳細的解說安排在後續章節，我們先認識因為WEB3、元宇宙、NFT所帶來的大趨勢吧！

WEB3 顛覆治理方法、工作方式、組織型態

WEB3（第三代網路）含有許多要素，尤其值得注目的是，「區塊鏈」（Blockchain）這項嶄新技術問世，使得網際網路在演進之際，一度被遺忘的「去中心化」，再次成為指標。

在網際網路發展初期，世界各地的人若是想要傳送資訊，必須自行建構網頁伺服器。雅虎入口網站如此，我個人成立的日本第一個網站「富谷」（TOMIGAYA）也是同樣的運作方式。這在當時是一種劃時代的變化，即使不透過報社、出版社、廣播電台的力量，也可以把資訊散播到世界各地。人們因此開始探索並享受「網頁」這種新的資訊傳播形式及樂趣。網際網路的分散式結構沒有所謂的中心，只有遍布全球，分散在各地的伺服器。

隨著時間推移，許多大型企業和機構也加入網際網路，甚至各國政府也開始建立自己的網站。起初，只是形同建立個人的「廣播站」，但漸漸地演變成主要提供使用者閱覽現成的資訊，這就是WEB1.0時代。

ＷＥＢ2.0讓個人傳播資訊再次成為可能。部落格等媒介的出現，以及網站託管服務（出借伺服器）和「集體智慧」（Collective Intelligence）受到世人注目也在這個時期。維基百科也在此時應運而生。

社群網站同樣是從這個時期開始風行。只不過，隨著使用人數的增加，提供這些網路空間的企業力量隨之擴大，也就是平台的誕生。

原本在網路發展初期，網際網路所具備的去中心化優點，到了ＷＥＢ2.0時代在不知不覺中，因為少數寡占平台企業的主導，再度轉變成為中心化結構。

接著誕生的ＷＥＢ3繼續帶來變革。建立在區塊鏈之上的ＷＥＢ3，進行各種去中心化的嘗試。

其中，又以本書第一章所要介紹的ＤＡＯ，可能會帶給各位特別大的衝擊。新的組織型態很有可能徹底顛覆治理的觀念、工作形式，以及個人的工作方法及習慣。

所謂的ＤＡＯ，decentralized autonomous organization，一般譯為「去中心化自治組織」。ＤＡＯ型態的組織，不再是「經營者→員工」的上意下達，而是任何決策都由全體成員參與，採直接民主的模式。ＤＡＯ的出現不僅可能取代傳統的公司組織，甚至也可能取代地方政府和中央政府，成為未來嶄新的治理模式。

元宇宙 使人類擺脫身體、身分和時空限制進行溝通

第三章所要介紹的「元宇宙」定義很廣泛，但從中衍生的主要趨勢，仍是虛擬實境（virtual reality/VR）。「在虛擬實境中與人交流或採取某些行動」的創意，並不算百分之百的創新。我個人在一九九〇年代初期也一直從事虛擬實境的研發工作。

只不過，當時這個領域的用戶只限遊戲玩家等社群，雖然過去曾有一段時間幾乎快形成風潮，但直到現在也尚未普及。

當時的虛擬實境演變到今日，置換成「元宇宙」一詞後，突然備受注目。

這個背景是因為新冠肺炎疫情。相信大家都知道，因為疫情的關係，鼓勵遠距工作，使用ZOOM等軟體召開線上會議變得普及。隨著人們習以為常地透過網路「見面」，而非現實中面對面交往，在虛擬世界中「見面」的身體與心理障礙也明顯降低了。

在虛擬世界互動的身體與心理障礙降低的狀況，同樣也發生在WEB3領域的人身上。因此，在一片讚揚虛擬實境的潮流中，虛擬現實與WEB3的背景相互重疊了。

包含虛擬實境的元宇宙，是一個可以使人類擺脫身體和屬性（例如外貌、身分、能力等）的限制、跨越時空進行溝通的場所。這一旦成為司空見慣的事情，我們的身分認同和溝通方式必定會產生重大變革。

NFT讓無法以金錢取代的價值可視化

第三個要介紹的是NFT。相信很多人都曾聽過，二〇二一年有個數位藝術家的NFT創下了約75億日圓（編按：約台幣16億）的高價，令日本社會對NFT的關注急遽升溫。

然而，當時很多人對於什麼是NFT依然不太了解。

NFT是取自「Non-fungible token」的字首，直譯為「非同質化代幣」。由於數位資訊可以複製，過去一般都認為可輕易取代，但現在利用區塊鏈技術，使得數位作品具有獨一無二的價值，也就是無法被取代。此外，不僅是藝術作品，將擁有獨特價值的物品NFT化的情況，相信今後會持續增加。

現實中有很多無法用金錢價值來衡量的事物。但如果運用NFT技術，這些事物就能被轉化為獨一無二的價值。人們的創意思維、熱情、信仰、日常的善行、學位等非金錢的價值都可能被可視化。

為了避免因時代變化而遭到淘汰，必須做好兩項準備，一是培養對於科技的「知識素養」，一是理解科技將使社會發生哪些具體的改變。

如何了解科技帶來的新時代，應當以什麼樣的心態去迎接？衷心希望本書能成為各位獲得其中提示的媒介。

伊藤穰一

目錄

前言　世界開始以新的遊戲規則運轉　003
WEB3　顛覆治理方法、工作方式、組織型態　005
元宇宙　使人類擺脫身體、身分和時空限制進行溝通　007
NFT　讓無法以金錢取代的價值可視化　008

序章　WEB3、元宇宙、NFT形成的新世界
1　網際網路各時期的特色　018
2　WEB3的使用者不被平台綁架　022
3　WEB3的優缺點　027
4　二〇二二年是WEB3元年　030
5　資金加速流往加密經濟圈　036
6　WEB3是以代幣交易的世界　038

7 比特幣和以太幣有何不同 043
8 WEB3是「參與」，以社群為前提 047
9 以新經濟體系解決社會問題 051
10 「元宇宙」在什麼地方？ 053
11 世界今後可能的面貌 055

第一章 工作模式——工作將從「組織型」轉變為「專案型」

12 概談DAO的運作實務 060
13 成立DAO，專案開發將有如組合拼圖 064
14 DAO之間緊密連結以實現目標 066
15 以DAO瓦解「股東、經營者、員工」的結構 068
16 工作模式將不再受工作地點束縛 072
17 DAO使工作成為令人想認真參與的有趣事物 074
18 DAO以治理代幣分配報酬 076
19 DAO尚有符合法令的問題待解決 078

20 無法換算成金錢才有價值的代幣 081
21 DAO的運作模式能否拉近社會階級的差距 083

第二章 文化──人們的「熱情」將成為資產

22 因可認證數位資料真偽，NFT所引發的變革 088
23 不盲目跟隨NFT風潮 091
24 NFT使無形價值成為可進行交易的項目 092
25 NFT幫助藝術家成為經營者 094
26 人們反對 NFT的理由 097
27 文化的本質將從「消費性」轉為「社群參與」 100
28 入場券NFT化可加強與粉絲社群連結 103
29 「因為喜歡而買」才有意義 106
30 只買有炒作潛力的NFT，加密錢包會變得無趣 109
31 什麼事物NFT化會變得有趣 111

32嘗試將宗教信仰、學位NFT化 113
33沒有銀行帳號的人如何生活 117

第三章 身分認同——我們將習於運用多重身分

34解放身體限制，公平參與元宇宙 122
35元宇宙是改善不平等的助力 125
36虛擬空間的「個人房間」能做到的事 127
37藉由區塊鏈技術，人再次成為主體 129
38如何看待他人可瀏覽自己的加密錢包 132
39在不同的社群展現不同的自我 134
40加密經濟圈的聲望管理 137

第四章 教育——社會將擺脫學歷至上主義

41區塊鏈紀錄取代傳統履歷表，忠實呈現個人能力 140

42 WEB3的學習模式有如遊戲闖關 142
43 WEB3帶來的「參與型教育」 145
44 區分文組、理組不再有意義 149
45 解放甘於承包工作的技術人員 152
46 目標導向與創意自信，是WEB3的學習概念 155
47 培養具有WEB3精神的企業家資質 159

第五章 民主制度——實現嶄新的直接民主制

48 WEB3加速治理民主化 164
49 避免掉入眾愚政治的陷阱 169
50 社會對加密經濟圈的看法 171
51 持續升溫的加密經濟 174
52 加密經濟的風險 176
53 運用WEB3來實現更好的目標 179

54 從DAO找到環境問題的解方 181
55 成為能享受WEB3利益的人 184
56 參與WEB3的第一步 187

第六章 面對劇變的未來，日本如何因應？

57 WEB3開啟日本經濟再生的突破管道 194
58 金融機構放下對加密資產的戒心 199
59 修法留住新創企業與人才 202
60「下一個迪士尼」即將席捲日本 206
61 為什麼在日本無法誕生具破壞性的創新企業 208
62 運用WEB3將內容產業轉為全球規格 210
63 國內事務數位化，讓日本有全球化競爭力 214

結語 展望科技帶來的變革 217

序章

WEB3、元宇宙、NFT形成的新世界

提示

1 網際網路各時期的特色

回想剛開始使用網際網路時，光是能「連接網路」就是令人愉快、興奮的事情。這樣的心情，再次因為WEB3重新被喚醒。我先簡單帶大家回顧網際網路發展到WEB3的過程。

WEB1.0、WEB2.0及WEB3有什麼差異？先就結論來說，從「破壞了什麼？」，也就是從「顛覆的事物」來比較。

網際網路肇始期。這時，人們透過網路這項劃時代的科技，串連全球的資訊。然而，從實際運用範圍來看，仍僅止於透過電子郵件的連結。當時還沒有堪稱WEB（全球資訊網）的東西。主要是大學或研究機關彼此串連的時期。這個時期暫且稱為「網際網路0期」。

日本在網際網際0期被顛覆的是電信公司。

當時日本的通訊事業，原本是由NTT（日本電信電話公司）壟斷的狀態。直到實施「NTT開放暗光纖」（已鋪設但尚未使用的線路）、「拆分傳輸費」（將電腦、網路、線路傳輸公司等分成不同的業者）等政策，其他公司總算能參與網路事業。

WEB1.0的時代承接上述的基礎而來，並且徹底顛覆了媒體與廣告業界。

人們經常用「連結」這個概念來描述WEB1.0的特點。的確如此，只要有瀏覽器（透過個人電腦或智慧型手機能夠瀏覽網站的軟體），任何人都能公開發表資訊，也可以自由地瀏覽資訊。網際網路如同張開的大網，透過四面八方的網路，將發送資訊者與接收資訊者「連結」起來。

網際網路出現以前，公布資訊的方式只能透過紙本的出版品、報紙，或是經由電波播放消息。WEB1.0形同跳過「出版社、廣播、電視」等媒介，透過網頁直接串連資訊的發送者與接收者。藉由同時把眾多使用者招攬至資訊網，就能讓網站獲得廣告收入，從而建立商業模式。

此外，電子商務（透過網路進行交易）的普及也是ＷＥＢ1.0另一個特徵。

接著是ＷＥＢ2.0時代的到來。ＷＥＢ2.0概念上經常以interactive（雙向、互動）來描述，它顛覆了入口網站的概念。

以Yahoo!為代表的入口網站，為使用者提供內容豐富多元的「入口」，連結到入口後即可瀏覽五花八門的內容。

在ＷＥＢ1.0時代，資訊發送者及接收者連結的入口網站大為風行。而且對於全球資訊網的內容分類鉅細靡遺，甚至出現Google等，可根據關鍵字來匹配檢索結果頁面的搜尋引擎。但在ＷＥＢ2.0時代，由於社群媒體登場，使得入口網站的影響力逐漸減弱。

ＷＥＢ1.0終究只停留在「發送者↓接收者」的單方資訊傳遞，而ＷＥＢ2.0時代則是以使用者為中心的雙向網路空間，任何人都可以書寫自己的意見，分享自己的體驗，而不再只是單向傳遞資訊。這正是被稱為社群媒體的ＳＮＳ（社群網路服務）。

舉例來說，現在人們不需要先進入入口網站，然後從中連結到想看的新聞頁面。而是透過推特等社群網站，就自己所跟隨、訂閱的對象，或新聞來源所分享的連結來閱讀新聞。讀者當中想必也有許多人是透過這種方式來接收新資訊的吧？

BBS、部落格等CGM（Consumer-generated media，消費者自主媒體）也屬於社群媒體的一種。舉例而言，網路上餐廳的評論社群，眾所周知並非由特定權威性的組織或個人單向宣導，而是實際到訪餐廳的人口耳相傳，在網路上建立起餐廳的真正口碑（例如三星、五星等評價）。

在WEB2.0中，資訊的入口平台通常由入口網站轉向社群媒體，如同上述例子中的餐廳評論社群。

話雖這麼說，不論是WEB1.0的入口網站或WEB2.0的社群媒體，都是採用「在一個框架內圈住使用者」的結構。就某個意義而言，這種框架限制使用者的方式，可以讓平台掌握控制權。這一點，在Yahoo!、Google、推特或臉書（Facebook）等平台上都是相同的。

而正要掀起劇變的，則是WEB3。

提示

2 WEB3的使用者不被平台綁架

簡而言之，WEB3[1]和WEB1.0、WEB2.0的關鍵性差異在於「分散性」（去中心化）這一點。

WEB3的最大特性在於實現了分散化（去中心化）結構，不論是地方金融系統還是組織管理等，所有層級都被分散化。從到目前為止的說明內容來看，也可以說，在一個框架內圈住用戶的平台正在失去影響力。

我們不妨把網際網路分為「傳輸協定層」（protocol Layer）和「應用層」（Application Layer）。

有關技術性的說明暫且不論。所謂「傳輸協定」，是指將電腦之間傳遞資料的規則標準化，例如HTTP（瀏覽網頁時使用的通訊規則），或FTP（傳遞檔案的通訊規則），也就是網際網路的基礎設施。而負責這個基礎設施的層級稱為「傳輸協定層」；相對的，「應用層」則是使用這樣的網際網路結構，提供各種不同服務的階層。

就像人們必須有自來水或瓦斯等社會基礎建設才能生活，因為有傳輸協定層此一技術的基礎設施，人們才能在日常生活中使用Google、Facebook。

WEB1.0與WEB2.0都是財富集中在應用層的時代。這也顯而易見，因為支配世界的主要企業GAFA[2]當中的Google、Amazon、Facebook（現在的Meta）都屬於應用層，其中並沒有傳輸協定層的企業。

然而，在WEB3中，「薄弱的傳輸協議層上方堆疊著厚重的應用層」的架構已經反轉了。中心化的平台正逐漸被推翻。（參考圖表1）。

1 原書註：在本書中使用「WEB3」來強調其去中心化的核心概念。
2 原書註：Facebook改名為Meta後，GAFA有時也稱為GAMA。

圖表1　Web1.0、Web2.0和Web3階層的價值比重差異

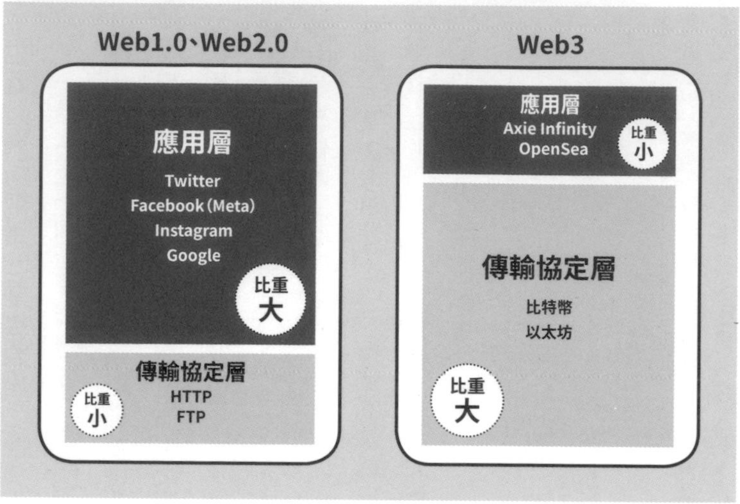

WEB3的重要基礎設施是「區塊鏈」技術。所謂區塊鏈，就是使用加密技術紀錄結帳（支付）等交易，如同鏈條般串連起交易紀錄（任何人都可以查閱該紀錄）的技術。WEB3的傳輸協定階層包括「以太坊」（Ethereum）等平台。

建構其上的應用層，則是像NFT遊戲的Axie Infinity[3]、NFT交易平台OpenSea[4]等。

此外，有別於WEB1.0、WEB2.0的時代，比起應用層，有更多資金流入傳輸協定層，也是WEB3的一大特徵。

雖然我以「流入更多資金」來說明，但這件事的本質，並不是意謂著哪一個階層更富裕。

在應用層較強勢的時代，在某個平台上建構的網絡（network），或是在某個平台上進行的交易，基本上無法攜出到其他平台。

以社群媒體為例，臉書需要臉書的帳號，推特需要推特的帳號，每一個社群媒體都需要註冊帳號，追蹤其他人或被其他人追蹤來建構網絡，但這個網絡無法攜出到其他平台。雖說是自己的社交網絡，但真正的所有權並不屬於自己，而是屬於平台。

但是在WEB3，所有的交易紀錄，例如所擁有的數位藝術品NFT等，都成為自己的代幣[5]，並被紀錄在區塊鏈上。由於區塊鏈只是基礎設施，不屬於任何應用程式的

3 譯者註：Axie Infinity，由越南工作室Sky Mavis開發的一款區塊鏈遊戲。玩家可以在這個世界裡飼養寵物（Axie）並進行對戰，同時也能轉為NFT在市場上銷售，或透過排行榜取得Axie代幣獎勵以獲益。曾是二〇一九年以太坊最熱門的遊戲，甚至帶起「邊玩邊賺」（Play-to-Earn）的風潮。

4 譯者註：OpenSea，總部位於美國紐約的全球最大綜合性 NFT交易平台，無論是藝術品、音樂、照片、遊戲到實體資產的所有權都能交易，交易方式十分多元。

所有物，因此不受任何應用程式的限制，可以將這些數位藝術品攜出到任何地方。

假設在OpenSea買進數位藝術品，如果仍在WEB2.0的世界，所買的數位藝術品只能在OpenSea處置，但在WEB3，從買進的那一刻開始，這件數位藝術品的代幣就已紀錄在區塊鏈上個人的加密貨幣錢包。

也就是說，買進時就成為個人「所有物」，只要連結自己的加密貨幣錢包，就能在其他NFT交易平台處置從OpenSea中買進的數位藝術品。

那麼，像這樣傳輸協定層的影響力與重要性變得更重要；反之，應用層則變得較輕，能夠輕鬆跨越平台限制，究竟代表什麼意義呢？

簡單來說，就是平台綁架使用者的力量有可能相對減弱。

WEB1.0、WEB2.0平台提供一個空間來吸引並圈住使用者，是相當中央集權式的結構。而讓這個結構弱化的WEB3，平台和使用者之間的關係意味著「非中央集權」。

或許可以說，透過WEB3技術，我們將不再被平台綁架。

5 譯者註：在區塊鏈上表示和驗證數位藝術品所有權的特定數位資產。

提示

3 WEB3的優缺點

看到這裡，也許你會心生疑竇：「我大致了解從WEB1.0到WEB3的變遷。但實際上WEB3有什麼優點？難道沒有風險嗎？」

以下分享我所整理的WEB3優缺點一覽表（參考圖表2）。

乍看WEB3的缺點或許令人氣餒。但我認為與其只在意缺點，不如更聚焦在WEB3發展的可能性，即使目前仍有未臻完善之處，未來應當會研究出解決的技術。

實際上，目前雖然尚未普及，但早早嗅出WEB3的發展性，已經透過各種不同型態投入參與的人士，都感到興奮不已，這個氣氛和一九九〇年WEB1.0崛起之際，十分相似。

圖表 2　Web3的優缺點

優點	缺點
・因為更優良的技術，將使經濟與社會更穩定、更有效率。	・不是貨幣而是以「代幣」流通的新經濟圈，對國家造成風險。
・獨立於國家，自由從事想做的事情。	・對環境負擔大。
・新商機。	・擴大社會貧富差距。
・治理上沒有壓抑的階級制度或僵化的官僚主義。	・安全性及垃圾郵件過濾系統仍在發展當中。
・更自由且平等的經濟，邁向社會進化。	・現階段「自行負擔責任」的比重過大。

WEB3當然並非全無風險。

首先能想像得到的是，駭客可能透過伺服器犯罪而產生巨額資金遭非法提領的風險。例如在二〇二二年三月底，前面說到的NFT遊戲「Axie Infinity」的區塊鏈基礎設施遭駭，以太幣（ETH，以太坊所使用的虛擬貨幣）及美元被盜走，損失的加密資產總值相當6億2千萬美元左右。

今後和WEB3相關的人越來越多，遭受龐大損失的事件想必也會更加層出不窮吧？

另外，也經常聽到有人批評「WEB3強化資本主義邪惡的一面，將更加擴大貧富差距」的風險。我後續將說明這個部分，確實從人們運用ＷＥＢ３的方式來看，這個憂慮並非空穴來風。

但是，只因為ＷＥＢ３有風險與尚待解決的問題，就打算視若無睹，或完全不涉獵，這是明智的決定嗎？考慮到ＷＥＢ３可能實現的廣泛運用，我認為如果放棄就太可惜了。

避開風險的同時嘗試在ＷＥＢ３做出什麼並非痴人說夢。希望本書能有助於讀者提升對ＷＥＢ３的素養。

提示

4 二〇二二年是WEB3元年

WEB3正形成稱為「加密經濟」（Crypto Economy）的新經濟圈。

在加密經濟圈中，流通的不是日圓、美元等法定貨幣（簡稱法幣），而是加密資產（加密貨幣、虛擬貨幣或代幣）。近年成為熱門話題的NFT，也是加密經濟中流通的一種代幣。詳情我後面的章節會再說明。

此外，WEB3浪潮也衍生了自主性集中管理加密資產的獨立金融服務「DeFi」，以及透過代幣交易來驅動各種工作或應用程式（DApps）的「DAO」。

- DeFi：Decentralized Finance，去中心化金融
- DApps：Decentralized Applications，去中心化應用程式

• DAO：Decentralized Autonomous Organization，去中心化自治組織

其他還有許多以Ｄ開頭的加密經濟相關事項，但就像以上列舉的，共通的概念都是「Decentralized」，也就是分散式（去中心化）。

在法定貨幣的世界，我們稱為「法定貨幣經濟」，但其中的經濟、政治是由政府當局管理及決策，而企業等組織營運則是由經營者管理或高層決定，一切都是採中央集權（中心化）。

有別於法幣經濟，加密經濟多數的項目都不存在中心化的管理者。唯有採個人、組織、資產分散而自主運作的經濟圈，才是加密經濟（參考圖表３）。

看到目前的說明，讀者或許認為這是一個莫名其妙的詭異世界，但知道加密經濟的起源，是掌握已經來到的ＷＥＢ３趨勢，加入以及了解其中樂趣的關鍵。

前面說過ＷＥＢ３的重要基礎設施是區塊鏈。或許有許多人的概念，都是「說到虛擬貨幣，就想到使用區塊鏈的比特幣」。

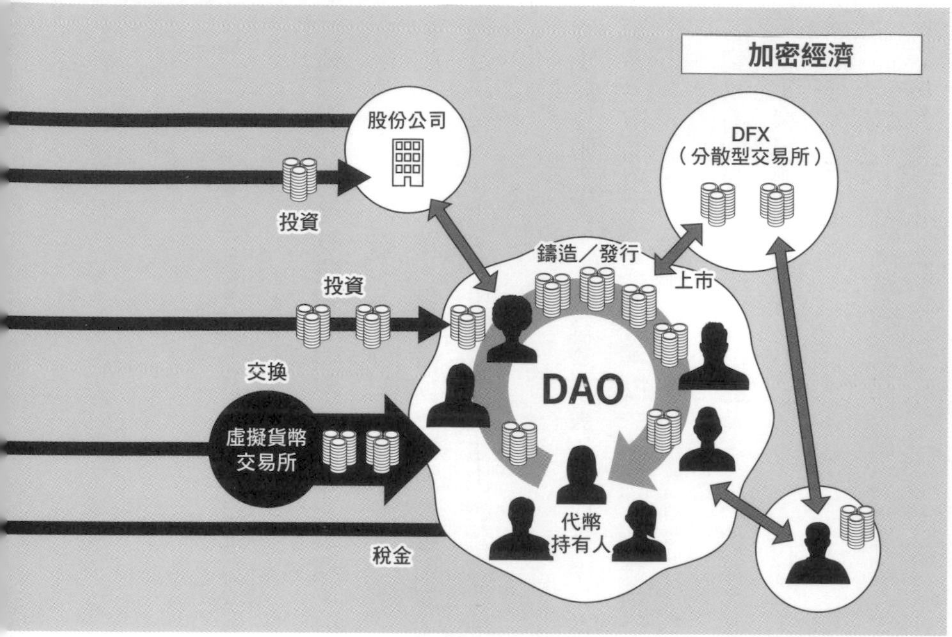

稍微回溯一下歷史，二〇〇九年一月，中本聰[6]提出區塊鏈的理論，從那時起到二〇一六年左右是比特幣的草創期。換句話說，超過十年前就已經有了區塊鏈的理論及虛擬貨幣。既然如此，為什麼會把二〇二二年視作「WEB3元年」呢？

先說結論，因為代幣的總市值急遽上升，同時形成代幣經濟的條件也已經成熟。

首先，二〇二一年NFT發生造成全球極大衝擊的事件。

圖表3　法幣經濟圈的人口正往加密貨幣經濟圈移動

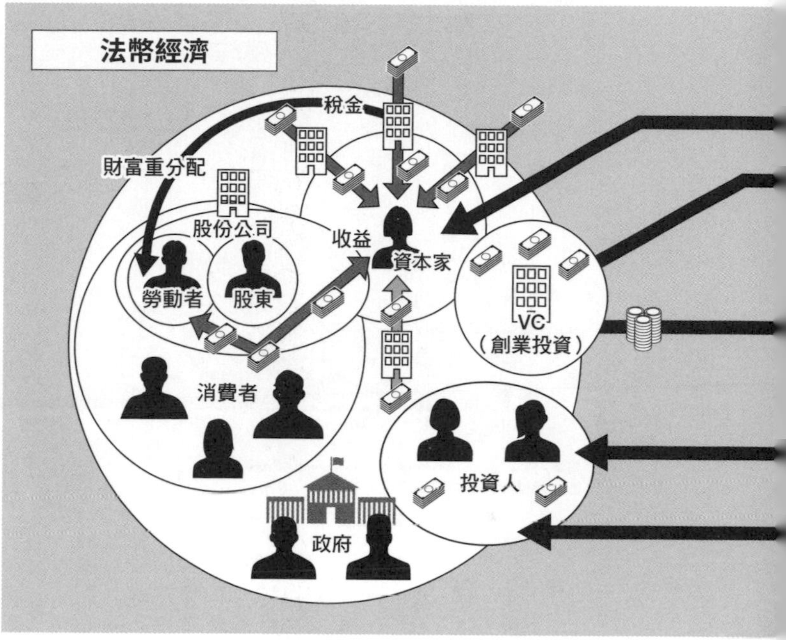

還記得Beeple（本名溫克曼，Mike Winkelmann）這個名字嗎？二〇二一年三月，在美國的佳士得網路拍賣會上，數位藝術家Beeple的NFT藝術品以約75億日圓的高價拍賣成功，這一則消息被全世界的人們瘋傳，也讓日本人對NFT的關注一夕之間升高。

一夕之間受到全球高度關注，完全是因為NFT的價值

6 譯者註：中本聰（Satoshi Nakamoto）是比特幣協定及其相關軟體Bitcoin-Qt的創造者，但真實身分未知。他於二〇〇八年發表了一篇名為〈比特幣：一種對等式的電子現金系統〉的論文，描述了一種他稱為「比特幣」的電子貨幣及其演算法。

圖表4　Web3的歷史

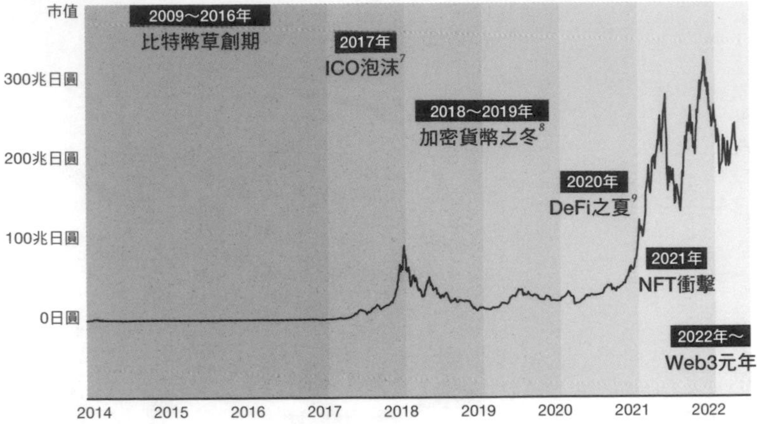

出處：根據http://coinmarketcap.com/ja/charts/ 的圖表製作
圖表統計截至2022年4月20日

突然變得容易了解吧？

「數位藝術家Beeple的NFT藝術品在傳統的拍賣會上以高達75億日圓的高價賣出！」

「九歲的小孩所畫的數位藝術作品〈zombie zoo〉的交易總額相當於四千萬日圓！」

「熱門的球員卡平台NBA Top Shot，球員精采瞬間短影音收藏卡交易，高價品甚至多達數千萬日圓！」

就像這樣，NFT話題透過影像或照片，成為「畫面」傳播，讓媒體容易炒作，在原本對於區塊鏈、虛擬貨幣等話題無法想像的大眾之間，也立即掀起話題。二〇二一年的NFT衝擊，透過媒體的大肆報導，更加普及NFT容易理解的一面。

以二〇二一年NFT所造成的衝擊為契機，WEB3時代總算從二〇二一年開始真正受到注目。這就是二〇二一年被稱為「WEB3元年」的理由。

請看圖表4，應當就能了解我剛剛所說的「代幣總市值急遽上升」絕非誇大其詞。

7原書註：使用虛擬貨幣來籌措資金的手法（ICO）受到極大注目的時期。發生多起詐欺事件。

8原書註：由於ICO的關係而發生的「虛擬貨幣泡沫」崩壞，交易市場陷入低迷的時期。

9原書註：誕生各種DeFi專案開發，急速成長的時期。

提示

5 資金加速流往加密經濟圈

接下來重回正題，代幣整體的市值急劇上升，也就代表有這麼多資金流入加密經濟。

以太坊「唯一地址數」[10]，約為全球2億人，但有些人可能擁有多個地址。考慮到目前加密經濟的人口，等於全球78億人口約2.5％從事與加密經濟相關的經濟和社會活動。

這個比例接近WEB1.0時代，一九九八年Windows98公開前後的網路使用者人數。因此，可以說WEB3目前尚在發展的初期。我們可以預期未來將有越來越多人轉向加密經濟。

這裡不能不提在日本發生的特殊狀況，那就是流入加密經濟的資金，很難回到法幣經濟。

這是因為把加密資產移轉為法幣資產時，除了加密資產交易所的手續費，移轉回法幣資產的資金最多可能要課以55%的稅金。股票投資獲得的收入所課的稅金最多20.315%，相較之下，可以說加密資產被課以重稅[11]。

加密資產交易所的手續費及稅金，因為這兩個過程導致資產減少，所以在加密經濟資產增加的人，不會選擇將加密資產轉換為法幣資產，而是投資感興趣的DAO的代幣或NFT，或是投入DeFi加以運用。

因此，在加密經濟圈中，加密資產的資產循環問題已經成為一個大規模的現象。儘管有越來越多的資金流入加密經濟圈，但是法幣經濟圈卻沒有得到相應的資金回流。

---

10 譯者註：以太坊的唯一地址數（unique address）是指在以太坊區塊鏈上獨一無二的地址數量，每個地址都代表著一個獨立的以太坊錢包或合約。

11 原書註：有關稅法修訂，本書寫作之際仍在研議當中。

提示

6 WEB3是以代幣交易的世界

這裡先說明剛剛提到的「代幣」。要理解WEB3商業生態系統，絕對必須先建立代幣的概念（參考圖表5）。

首先，代幣（Token）可以分為同質化代幣（FT，Fungible Token，可替代與交換的代幣）與非同質化代幣（NFT，Non Fungible Token，不可替代與交換的代幣）。

同質化代幣又分為通貨性代幣與證券性代幣。

同質化代幣中的通貨性代幣，則區分為「穩定幣」（Stablecoins）和「支付型代幣」（Payment Token）。

比特幣或以太幣的價格波動極大，作為「金錢」使用十分不便。

圖表5 代幣的種類

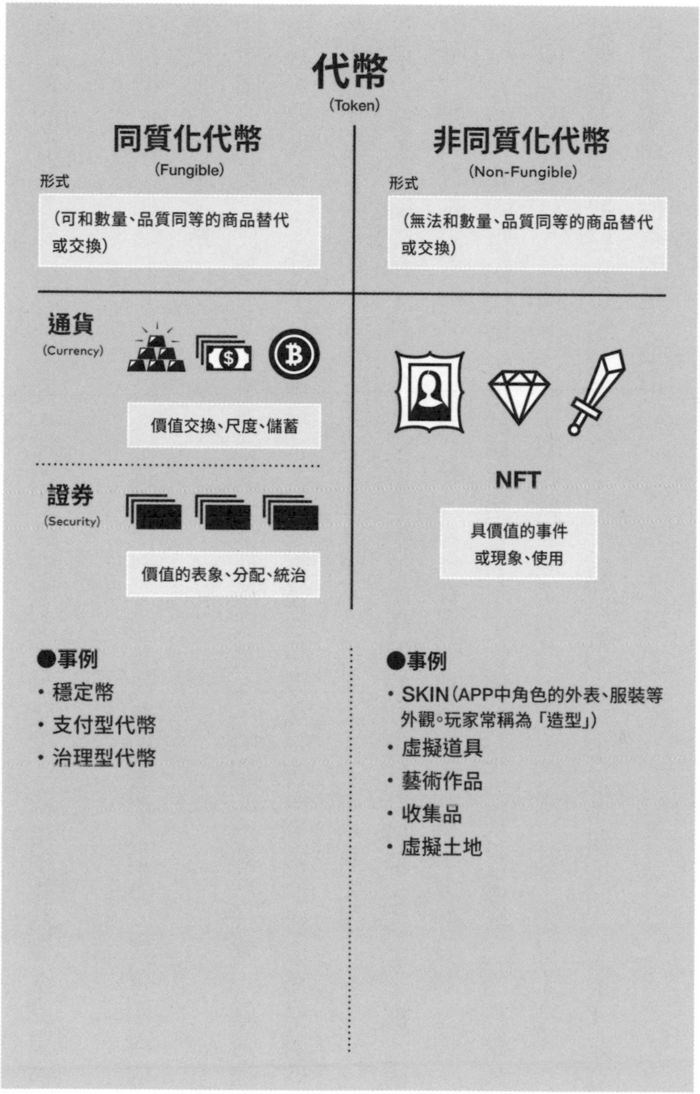
代幣
(Token)
同質化代幣
(Fungible)
形式
(可和數量、品質同等的商品替代或交換)
非同質化代幣
(Non-Fungible)
形式
(無法和數量、品質同等的商品替代或交換)
通貨
(Currency)
價值交換、尺度、儲蓄
證券
(Security)
價值的表象、分配、統治
NFT
具價值的事件或現象、使用
●事例
・穩定幣
・支付型代幣
・治理型代幣
●事例
・SKIN(APP中角色的外表、服裝等外觀。玩家常稱為「造型」)
・虛擬道具
・藝術作品
・收集品
・虛擬土地

因此，為了維持價格穩定，便設計出與美元等價格穩定的法幣掛鉤的穩定幣。穩定幣的設計機制形式多樣，包括以固定比率和其他虛擬貨幣交換，或是根據演算法調整貨幣流通量等。

支付型代幣一如其名，是用於支付時的代幣。這些代幣和法幣的「錢」具有相同功能，應該比較容易理解。

同樣屬於同質化代幣，還有證券式的「治理型代幣」。所謂的治理型代幣，就是擁有參與DAO投票，或分享利潤等權利；這些權益很類似法定經濟圈裡的股票所具有的表決權及股東分紅等功能。而現在世人也正在就法令的部分，進行各種討論。

當項目推動有所成長，DAO的價值上揚，所持的治理型代幣價值也跟著上漲。因此治理型代幣就像是證券形式發行的代幣，可以賣出並獲得資本利得，就像股票一樣。

另一方面，非同質化代幣，也就是所謂NFT，則屬於「不可替代價值」的代幣。包括藝術、遊戲道具、交換卡片之類的收藏性週邊商品、數位時尚，甚至虛擬土地等。

雖然世人都只把目光焦點放在驚人天價的數位藝術品，但以本質而言，NFT是在加密經濟中流通，持有的是「價值」。

所謂的WEB3，就是以上三種代幣進行交易的世界。

比方說，把持有的代幣和穩定幣作為一對，投入中去心化金融DeFi資金池中，DeFi就產生流通性，成為一個交易所。在DeFi中，代幣不間斷地自動進行交易（swap），獲益所得或手續費收入都以代幣形式獲得。

或者，假設你贊成「解決日本空屋問題」這個議題的DAO，並決定拿出資金參加，只需買進發行自該議題的治理型代幣即可。

DAO沒有「股東」、「經營者」、「員工」的區別，所有人就「代幣持有人」這一點來看，地位是相同的。當然，雖然是以成立DAO的人為中心來推動，但沒有像一般公司組織般的上下關係。

因此DAO的決策不是從上到下，而是參加的每一個人透過民主的過程來做出決定。

只要擁有代幣，就能投票表決DAO提出的決策，換句話說就是參與治理。

順便一提，代幣也可以給予其他的社群成員。比方說在DAO內要做的決策是自己專業領域以外的主題，就可以直接將投票權委任該領域的專家。

由多數人同時投票，往往容易做出草率且愚蠢的決策，但若具備根據不同領域的專長來委任專家的機制，由專家將討論內容歸納結論，就更容易做出正確的決策。而且，因為可以自己決定將投票權委任給誰，所以依然可以保有民主性。

當參加的DAO價值上升時，可以賣出持有的代幣，獲得資本利得。此外，還可以在NFT市場購買喜愛的NFT，當價值上漲時賣出，這也能促成加密經濟內的資金循環。當然，由於NFT的價值屬於不可替代性，即使把NFT的數位藝術當作收藏品珍藏，自行欣賞或作為社群網站個人檔案的頭貼，也是常見的使用方式。

提示

7 比特幣和以太幣有何不同

正因為有這些能夠提供各種代幣發行基礎的技術，才有「以太幣」的誕生。

雖然以太幣與比特幣都是以「加密」為基礎，使用區塊鏈技術的虛擬貨幣程式，但兩者其實來自完全不同的思想背景。

比特幣是全球首次運用區塊鏈技術開發的虛擬貨幣，無疑是一項劃時代的發明。其創立背景是基於擺脫國家箝制的自由民主思想，致力於提供擁有強固資訊安全保障、去中心化的虛擬貨幣。

另一方面，二〇一五年誕生的以太坊帶來的創新，則是有別於比特幣的另一項劃時代發明。

這裡希望各位務必記住一件事：在WEB3世界的其中一個特色，就是極度重視社群。我們可以說正是因為以太坊這個平台背後具有「社群功能」的理念，WEB3才能實現交易貨幣性、證券性的同質化貨幣，及NFT等創新型態。

有一次在Podcast節目「BANKLESS」中，我聽到了比特幣派和以太坊派的有趣討論。

簡單扼要地說，當比特幣派提出「在資安方面，以太坊比較脆弱，所以如果以太坊失敗了，要怎麼辦？」以太坊派回答：「我們可以彼此商量設法解決。」比特幣派更進一步表示：「那不是太不可靠了嗎？」

我之所以覺得這段對話很有意思，是因為其中顯現出兩者對於「信任」這件事的看法截然不同。

比特幣派所說的「不可靠」，是一種不相信任何人的思維，因此他們建構了強大的資訊安全保障，實現了去中心化。但相對的，以太坊派則是以去中心化的社群為前提，所以認為「一旦發生問題，可以透過社群協商來解決」。這種對於信任的看法不同，是兩者根本性的差異所在。

此外，比特幣派的美學是「買了不賣」，而以太坊派則積極地交易在其基礎架構上發行的各種代幣。

例如藝術家賣出自己的NFT藝術作品，用賺取的以太幣購買其他藝術家的NFT藝術作品，形成了一個充滿活力和趣味的藝術家投資交流場所。以太坊「以社群為前提」的理念，也可以從同好和夥伴互相捧場這點可見端倪。

由於比特幣的去中心化是基於不信任，因此，到目前為止主要功能始終只停留在「貨幣」。和比特幣相較之下，以太坊的程式語言運用和管理更為容易。雖然過去曾遭遇困難，但現在也有人設法開發讓比特幣達到以太坊所具備的功能。

相反的，以太坊一開始就沒有封閉成像比特幣般的貨幣功能，儲存在區塊鏈上的智慧型合約[12]，讓以太坊可以開發各式各樣的應用程式。

簡單來說，比特幣是貨幣，以太坊既是貨幣也是平台。

構成WEB3的DAO、NFT、DeFi……等要素，都是建立在以太坊的平台基礎上。可以說以太坊透過區塊鏈技術轉移，不僅創造一個以社群為基礎的加密經濟體

12 原書註：智慧型合約（smart contract），事先制定用來自動處理執行紀錄在區塊鏈上的數位合約。

圖表6　Web3的商業生態系統

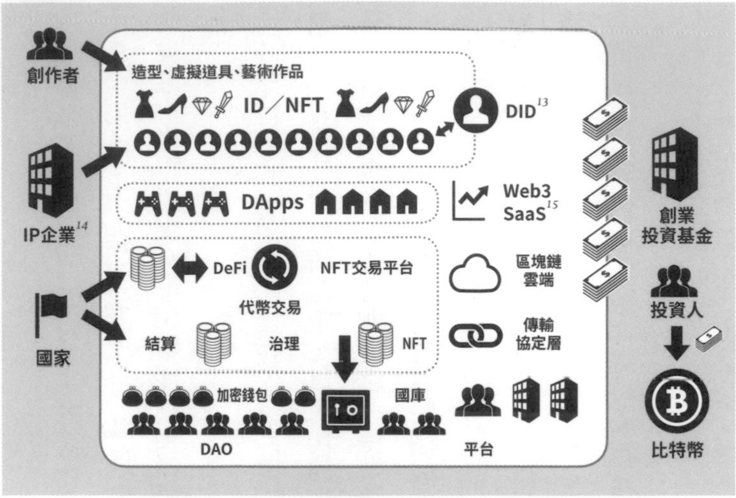

系，同時也實現以「去中心化」為關鍵的WEB3經濟與多樣化社會活動。（參考圖表6）

現在，這樣的平台已不僅是以太坊，有更多採用不同的區塊鏈技術的平台也紛紛登場。

13　原書註：Decentralized Identity（去中心化身分）的簡稱。去中心化的身分驗證系統，可以讓使用者自主管理自己的身分屬性。

14　原書註：這裡的IP是Intellectual Property的簡稱。指擁有體育產業、角色人物等智慧財產權的企業。

15　原書註：Software as a Service（軟體即服務）的簡稱。使用者可以透過網路使用伺服器上的軟體、程式等服務。

提示

8 WEB3是「參與」，以社群爲前提

從「以社群為前提」的觀點出發，我們可以重新思考WEB1.0、WEB2.0、WEB3的演變。

簡單來說，在WEB1.0時代，人們能夠不受限於特定區域或國家，read（讀取）全球的資訊；在WEB2.0時代，則是能跨全球領域write（寫入）資訊；到了WEB3時代，人們對資訊的join（參與），則是跨越全球範圍。雖然一般經常說WEB3是own（擁有），但我刻意以join（參與）來表現。

換句話說，從WEB1.0、WEB2.0、WEB3的發展過程中，能夠做到的事情並不是「改變」，而是「增加」。

DAO可能是更容易理解這種演變的典型範例。

DAO的成立是基於為了達成某個目標，召集有志一同的人士一起進行各種討論、做出決定，並各盡其責去推動某個任務。這就是社群參與的典型。

雖然參加者在DAO中各自進行工作，但和傳統法幣經濟中企業的工作性質完全不同。

首先，就如同前面談到的，DAO中不存在股東、經營者、員工的區別。DAO不是建立在「制定決策的雇主」、「遵從決策的受雇人員」之間的分工體制，而是所有人都擁有領導權，以自己的方式關注、做出貢獻，共同營運該專案。

在WEB3的圈子，經常會使用「WAGMI」這個行話。

這個詞是We Are Gonna Make It.（或是We All Gonna Make It.），「我們都會成功」的縮寫。其中沒有一絲一毫「誰來命令，而誰要服從」的寓意，而是「每一個參與者都能成功！我們一定做得到！」的同伴意識。是極具WEB3特色的行話。

NFT的重點正是社群的參與。

例如購買數位藝術作品，從當中產生的只有藝術家與自己的關聯性。更進一步說，或許會認為購買之後就是只有自己欣賞的藝術品。

但NFT則不一樣。購買無聊猿遊艇俱樂部（Bored Ape Yacht Club，以下簡稱無聊猿）PFP[16]的NFT，就代表參加無聊猿形成的社群。

或許換一個非藝術作品的例子來思考，更容易理解。

就如前面所說，NFT是非同質化代幣。由於NFT特性和數位藝術很相似，能相互融合，所以才會因為數位藝術的交易聲名大噪。但其實有更多其他事物都能NFT化。

比方說，社群中做出某個好東西，可以將其NFT化，發行類似「徽章」的獎勵，贈予付出該行動的人。

這麼一來，因為社群內的行動會紀錄在區塊鏈上，對於採取該行動的人而言，與其說獲得的徽章是「所有物」，不如說是參加該社群的一項證明。證明「我參加了這個社群，做出這個貢獻」。

16 譯者註：PFP為Profile for Picture的英文縮寫。指使用社群媒體時的頭貼。在區塊鏈技術下，作為圖像的頭貼是獨一無二表現身分的象徵。

買進數位藝術作品的NFT就本質來說也是相同的，重點不是「擁有」，而是「參與」的涵義更強。

事實上，持有無聊猿數位藝術頭貼的人，能夠參加無聊猿主辦的活動，享有優先購買和無聊猿聯名合作的著名企業NFT等，形形色色的特殊權益[17]。

不僅是持有數位藝術作品，而是「持有」這件事情的本身，就會帶來種種不同的利益，例如特別俱樂部的會員資格。

17 譯者註：NFT發行者透過類似這樣的形式，為該NFT增加收藏價值，在幣圈稱為「賦能」。

提示

9 以新經濟體系解決社會問題

另一方面，隨著加密經濟的參與人數增加，獲得金錢利益的機會也跟著大增，導致科技被反過來利用進行大規模詐欺的危險性提高，或因為流動性過高而使得經濟體系本身變得脆弱。

因為有這些風險，因此不能說加密經濟「一切都好，前途光明」。但是，過去「虛擬貨幣」只被視為「獲利、投資」的代名詞，現在因為以太坊而確立的代幣概念，令我感到擴大了加密經濟的話題。

如果要用簡單一句話來表現，就是我剛剛說的參與（join）。

個人在加密經濟中自然而然地產生連結、彼此合作來推動各類計畫，參加某個社群互相提升彼此的價值，這些ＷＥＢ３產生的影響力，今後有可能徹底顛覆現有的價值觀或治理的形式，這絕非誇大其辭的看法。

只要有心，相信必定能運用ＤＡＯ或ＮＦＴ，解決長久以來存在於社會的環境議題、貧富差距、不平等、歧視等無數問題。後面章節我會進一步說明，可以觀察到已經有很多具有濃厚文化和社會運動色彩的專案和倡議。

科技本身並不是決定事情轉變的關鍵，而是我們如何運用ＷＥＢ３科技來打造社會以及確立目標。隨著ＷＥＢ３時代的來臨，我們需要思考：在這個時代中，我們想要打造什麼樣的社會？我們的目標是什麼？這是我們現在必須面對的問題。

提示

10 「元宇宙」在什麼地方？

名為《WEB3趨勢大解讀》的本書，WEB3、元宇宙、NFT是最重要的三個關鍵字。

前面已經說明過，新世代的網路WEB3階段，以太坊確立了一種新經濟體系，是透過代幣循環的加密經濟。二〇二一年大受注目的NFT也是代幣的一種。

最後一個關鍵字是元宇宙。

所謂的元宇宙，在網路界的定義經常被簡化為虛擬實境（VR，Virtual Reality），但其實元宇宙的定義應該更為廣泛。

這個詞彙最初源於美國小說家，也是我的友人尼爾・史蒂文森（Neal Stephenson）

在一九九二年發表的科幻小說《雪崩》（*Snow Crash*）。此書以聯邦政府機能弱化的近未來美國為故事背景，描述網路虛擬空間元宇宙（Metaverse）的眾生相。

在《雪崩》中，人們透過不同的連線方式（如家用電腦、市區公共設施等）進入元宇宙這個虛擬空間。雖然小說內容充滿著虛擬實境的味道，但是每個人都可以輕易地進入元宇宙，進行溝通、交換金錢和物品等。

換句話說，重要的並不是虛擬空間的存在，而是任何人都可以加入元宇宙。

如果我們借用這個定義，除了經常被提到的虛擬實境，元宇宙還包括非虛擬的網路聊天室（例如Discord）、3D或2D遊戲、社群媒體（SNS），以及電子郵件等。不過，將所有溝通空間都歸納為元宇宙的範圍，又實在太過廣泛了。

WEB3的特徵是在網路即時進行虛擬貨幣或代幣的交易。因此，本書認為「以網路即時溝通為前提，進行某種價值交換的空間」，應當是最適合用來描述元宇宙樣貌的定義。

最新科技的連結無疑會對未來的文化和社會產生巨大的變革浪潮。同時，這些科技也都有潛力帶來典範轉移。因此，本書選擇以WEB3、元宇宙、NFT為關鍵字，正是看好這三者在未來的發展。

提示

11 世界今後可能的面貌

那麼，即將到來的WEB3時代，會讓世界變成什麼模樣呢？

管理模式將從由上而下轉變為由下而上；消費形式也從以往大企業主導的大量生產、大量消費轉變為更加細分化的關係型消費。整個社會的各個層面都很有可能發生去中心化的現象。

WEB3產生的各種結構，可能對導正包括環境問題在內的社會問題，能產生極大的幫助。

就某種意義而言，WEB3和一九六〇到七〇年代，美國興起的嬉皮文化氛圍近似。

就如美國社會在越戰期間，從反傳統社會的價值觀而孕育出嬉皮文化一樣，WEB3世代也反抗導致貧富差距加劇的資本主義價值觀，企圖創造一種新文化。也就是透過不依附傳統組織結構的DAO，發揮個人能力與技術，或是重視像NFT（非同質化代幣）這類無法以金錢評估的價值。

嬉皮文化是在美國介入漫長的越南戰爭後形成的一種文化，反映了當時厭戰的情緒。而WEB3之所以散發出與嬉皮文化相似的氛圍，是因為現今依然存在著惡化的環境問題和貧富差距，雪上加霜的新冠肺炎疫情使得這些問題更加突出。這些問題的湧現尤其對年輕人形成一種烏雲籠罩的氛圍。相較於WEB1.0和WEB2.0時期的輕鬆氣氛，像是「網路好有趣」、「SNS，真是酷斃了！」，WEB3則讓人感受到一股與社會變革有關的強大能量。

然而，實際情況取決於人們追求的是什麼。根據不同狀況，也有可能形成新的中心化勢力抬頭。

比方說，我在前面提到過，在WEB3時代，Google、Meta這類支配型平台會弱化。可以想見無聊猿這類熱門內容，將擴展業務範圍，藉由擴大社群成為新的支配者，有可能取代WEB2.0最主要的支配者Google、Meta。

WEB3不是只有充滿希望的一面，也顯示出幾項令人憂慮的部分。雖然有人認為由於治理樣貌的改變，有機會導正社會的不平等，但反過來，也有人批評可能因為過度金融化而助長社會的不平等，評價是好是壞目前難以蓋棺論定。

簡而言之，一切都還只能說是「可能性」。正如我一再重複的，科技只是工具，要如何使用工具打造什麼樣的社會，決定權在我們身上。

如果我們設定的目標是建構一個更公平，能夠持續維持的平等社會，只要運用科技，社會就有可能更加公平，維持平等，更美好的世界就會到來。

就我個人的感受，被稱做Z世代的年輕人，物質欲望並不是那麼強烈，對於環境問題等社會問題更加敏銳，這和經歷高度經濟成長期與泡沫期而來的世代相當不同。

考量這一點，我預測隨著世代交替，靈活運用科技朝向公平、公正的永續發展社會，將有很高的機率發生典範轉移。

第一章

工作模式

工作將從「組織型」轉變為「專案型」

提示

12 概談DAO的運作實務

在WEB3的社會中，個人的工作型態，將不再是「組織型」，而是「專案型」。主體是DAO（去中心化組織）。DAO並不是公司組織，而是為了開發每一項專案而形成。當個人發現一個感興趣、認為能有所貢獻的DAO時，就能以「參與」的形式工作。每一個作品都能成立製作團隊，就像集結工作人員、演員，然後拍攝電影的感覺。

隨著員工從事副業、兼職的限制逐漸解除，「多重職業」（parallel career）近年來成為一個大家經常耳聞的詞彙，如果是在DAO工作，可能甚至不需要區分「本業」和「副業」的概念。

參加DAO時，個人的能力或技術的使用途徑不限一個，自己多半都只是代幣持有人，沒有簽訂雇用契約，而且同時參加多個DAO也是理所當然之事。

那麼，當自己有想開發的專案時，又該怎麼處理呢？

以日本為例，其實DAO現階段在法令上的定位十分模糊。以狹義來說，因為屬於發行代幣來調度資金，所以日本對於代幣發行與上市都課以重稅。（也因為這個緣故，區塊鏈開發公司等未來前景看好的日本新創企業出走到他國而形成嚴重問題，有關這點在後面的「第59個提示」再詳細說明。）

基於這個緣故，現階段要在日本成立DAO，實際上相當困難。

不過，若是開發專案，召集同好來推動，以有別於在加密資產交易所流通的代幣，使用沒有變現性的專用代幣的話，就有可能。

以我現在主辦的，名為「Henkaku」（變革）的社群來說，發行的就是專用代幣「$HENKAKU」。

並不是只有召集同好一起完成某件事（比方說校慶），而是透過代幣交易，發展一同進行某些事的功能性社群。這才是DAO最重要的關鍵。就這層意義而言，持有某位藝術家的NFT藝術作品的人所形成的社群，也可以說是一種DAO。

通常要成立公司時，必須聘請律師、制定公司組織章程、準備自己的資本額、向銀行借款籌措資金……，必須花費很多時間、手續、金錢。歷經千辛萬苦好不容易成立公司，接著要雇用員工，在求職就業網站刊登人事廣告，一一面談等，又得再耗上相當多的時間、手續、金錢。

但若是DAO的話，一切都在區塊鏈上執行，不需要為龐大的文件工作忙得焦頭爛額。發行自己的代幣只需五分鐘左右，在Discord[18]設定伺服器只需十分鐘左右就完成了。輕鬆的程度就像在臉書成立社團一般。

只不過，雖然可以這麼輕易就完成，但這並不代表DAO不值得信任。

要評估企業的業務內容和可靠性，需要閱讀公司章程和財務報表，但DAO發行的代幣將全部紀錄在區塊鏈上。在區塊鏈上，任何人都可以輕鬆查閱，而且不會被篡改。這意味著與傳統企業相比，區塊鏈上的交易紀錄透明度與可信度更高。

在過去，企業是否遵守法律大多與是否「公開透明」有關，而區塊鏈在這方面具有完全的公開透明性。

此外，一旦建立，DAO的專案管理效率非常高，這也是DAO的一大魅力。我成立的DAO「Henkaku」，許多人的待辦事項都以「To Do」工作清單管理，並在完成後以代幣「SHENKAKU」支付當事人。而成立這個系統所花費的，僅是少許的時間。

18 譯者註：Discord是一款專為社群設計的免費網路即時通話軟體與數位發行平台，使用者可以在軟體的聊天頻道透過訊息、圖片、影片和音訊進行交流。在Discord中有一種別於一般通訊軟體之群組聊天功能，稱做伺服器，伺服器擁有者可以在伺服器中創造屬於自己的社群。

提示

13 成立DAO，專案開發將有如組合拼圖

WEB3就像是將一片片拼圖組合成一幅完整畫作般來經營專案。

DAO與同時具備多種功能的企業組織不同，它是一種針對特定目標與功能的客製化工具。有專門以專案為目標的DAO，也有針對專案而開發基礎設施或應用程式的DAO。

因此，DAO會根據需要來組合各種應用程式，以經營各項專案。

就像是組合拼圖，使用不同的應用程式來支付成員報酬、投票、討論等等。這就是WEB3所謂的「可組合性」。

在企業經營中，需要會計師或律師的協助，同時也需要處理繁瑣的行政事務和文

件。但是在WEB3中，已經有大量對使用者友善的應用程式可供使用，「拼圖片」幾乎應有盡有，只需進行組合和替換即可，省去了很多自己親力親為的部分。

由於DAO與DAO之間可以進行「D to D」（DAO to DAO），因此DAO的專案開發功能不必包山包海，只需純粹追求自己的目標，因應需求和其他的DAO連結即可。

如果越來越多人透過這種方式建立DAO，可能就不需要傳統的「師」字輩專業人士。也許有些人為了生存下去，會全力學習技術，專攻智慧型合約，轉型成為「加密經濟型」專業人士。

經營DAO非常輕鬆，也非常簡單。相較於傳統企業需要面對的營運、組織管理等問題，DAO完全不需要考慮。DAO沒有傳統上「負責麻煩、困難事項的經營階層」，與「在經營階層底下勞動的員工」這樣的階級制度區分。而且由於操作簡便，DAO的成長速度也更容易加快。

提示

14 DAO之間緊密連結以實現目標

即使一般企業也經常需要把某些業務外包。然而，過去與外包公司簽署合約等過程總是十分繁瑣，且存在諸多限制。直到「群眾外包」（Crowdsourcing）平台的出現，才稍微簡化了發包工作的流程。

WEB3則是更進一步把外包平台的功能分散，並將其大部分轉化為由DAO開發的工具。某些必須由當事人一一確認的事項，例如開設銀行帳戶，有朝一日也可能只需透過DAO的工具就可完成。

以這種方式產生的DAO之間的連結，與公司對公司，或者公司對個人的關係，顯然有很大的差異。

連結本身將變得更隨意輕鬆，但連結的關係卻更牢固。如果是公司，當交易結束，關係就跟著畫上句點。但DAO有時是交換代幣，它的意義在於當彼此的價值提高，交換的代幣價值也會提高，所以「同心協力共同完成目標」的動機將更為強烈。

提到可組合性，有時先發行而規模較大的DAO可透過投資來促進其他DAO的成長，或者共同執行專案的DAO之間透過交換代幣來結合。已經有經營不同專案的DAO，開始融合在一個更大的共同目標下，共同經營專案。雖然法令方面還有不完備的部分，但DAO之間的工作分擔、協作和互助已經在各處發生。

提示

15 以DAO瓦解「股東、經營者、員工」的結構

在DAO中，本來就不存在「決策者和遵從者」這樣的分工體制。人們因為理解並贊同享有同等權利的主旨而成立DAO，參與者也為此而加入DAO。

DAO與股份公司不同的是，股份公司的利益主要集中在股東和管理階層手中，不論正式員工、約聘員工、打工人員都只是收取工資。

因為DAO原本就不存在「股東、經營者、正式員工、約聘員工、打工人員」這樣的組織結構，因此與股份公司有很大的區別。

對推動專案有貢獻的參與者，他們會獲得代幣作為獎勵。而且在加密經濟圈中，代幣具有較快速的流動性（變現性），不到一年即可賣出代幣賺取資本利得的情況時有所聞。這就像不分正式或約聘、打工，或是用戶，只要能對專案有貢獻，就能獲得自家股

份。

當然，也有人會一直保有代幣，以繼續參加該專案的各種決策，或提出自己的建議，為社群盡責任。

如果是一般企業，股東只能在一年一度的股東大會上行使決議權，但在DAO則可以隨時進行投票。當成員想要實現某件事情，只需提出議案，說明所需的資源、時間和預期收益，就可以在成員間進行投票。

另外，也有可能透過接收代幣的利益分配作為營收。（但目前在日本，未上市的代幣無法在加密貨幣交易所兌換為現金。）。

DAO有時會「空投」（airdrop，意指無償配發）代幣作為給成員的報酬。例如無聊猿就曾在二〇二二年三月發行及上市APE幣（Ape Coin，無聊猿幣）之際，空投一萬枚APE幣給所有無聊猿的NFT持有者。

資本主義自工業革命以來一直存在著貧富差距的議題，對於資本家和勞動者之間的差距也一直在討論中。

當然，在DAO當中，也有在草創時期就被創投公司看好前景而關注的DAO，創投公司因而大量持有該DAO的代幣。

只不過，DAO的基本精神就是「沒有投資人占主導地位的結構」和「不存在勞動階層」（只有主動工作的個人），應當可以達到某種自我調整和修正的功能。而且，由於任何人持有多少代幣在區塊鏈上都是公開透明的，驗證也十分容易。

事實上，在「Henkaku」社群中，也經常有人提出討論「代幣持有者的比例多少才公平？」、「持有率若低於25％以下是否不公平？」可以說，令人感受到新的治理觀念正從基礎開始建立。

隨著科技的進步，資本主義社會長期以來的結構不平等問題，或許正朝向解決之路邁進。但透過加密經濟中的智慧型合約，可以像「財富重分配」一樣，直接在交易中導正不平等的問題。看到DAO從根本改變管理公司的方法，預測這項改變也許不是不可能發生。

一般人很容易對加密經濟持懷疑的態度，但不論從事業（專案）的透明公開度，或是從管理的公平度，都可以預見加密經濟圈應會建構出比法幣經濟圈的上市公司更加守法的制度。

但DAO也不是毫無必須解決的問題，例如，我曾看到有則新聞說，某個DAO在決議「禁止使用『希特勒』一詞做為專案的命名」時，必須在決議時取得一定數量的贊成票。

也就是說，即使就常識或倫理顯而易見的事情，也不容易形成決議。因為賦予所有人投票權，使得所有討論都可能出現不同的聲音，立場會對立，導致決策變得遲緩，可以說是DAO獨特的缺點。

雖然DAO確實帶來組織管理上的變革，但為了透過DAO實踐更好的世界，有必要一一去面對這樣的課題並加以解決。我個人目前也正一一實驗並觀察它的進展。

提示

16 工作模式將不再受工作地點束縛

近年來，越來越多的專業人士，例如工程師，選擇以自由工作者的形式同時承攬多家公司的工作。隨著DAO的普及，相信這樣的趨勢也會擴展至其他行業。

此外，DAO社群推出的嶄新工作型態顛覆傳統模式。我認為在WEB3領域中，未來將不斷發生有關工作模式的創新，令人們驚歎：「原來有這樣的工作方式。」

正如我之前所提到的，DAO是以專案為單位的組織，而在實際推動工作時，需要許多不同的角色分工，這不僅限於工程師。

也許有些人會覺得「我沒有任何專業證照，根本無法參與DAO」，或者認為「只有那些自食其力的人才能參與DAO」，但實際上，任何人都可以參與DAO，並做出某種貢獻。

參加ＤＡＯ的感覺就像是「在這個充滿魅力的專案中，我能否找到一些自己可以貢獻的地方？」，就如同尋找任務一樣。

在ＤＡＯ中，任務是由自告奮勇的人來承擔的，因此不會被分配到不喜歡或不擅長的任務。你可以按照分工收取代幣，有時甚至可以參與中階或核心貢獻，並如同薪資酬勞般獲得定額的代幣。

在ＤＡＯ中，有多種不同的工作模式，可以依照個人期望的方式和時間參與。我們可以說，這是從企業組織中取回工作主導權的一種方式，人可以自主選擇自己想做的工作或工作模式，而不是由企業組織決定。

對於那些期盼在企業中出人頭地，希望能從基層升遷為管理階層的人來說，這種工作方式或許並非理想的選擇。但對於那些希望從事創造性工作的人來說，參與ＤＡＯ這種ＷＥＢ3的工作方式可能是更好的選擇。

提示

17 DAO使工作成爲令人想認眞參與的有趣事物

參與DAO的人，通常會經歷觀察→參與討論→積極參與的變化過程，以了解工作計畫的內容和進展。

成員通常不會突然深度參與，而是先觀察成員之間的互動，然後逐漸對某個人的提議陳述意見，或是透過投票表達贊同或反對的意見。最終，成員才會開始自己提議，並成為推動專案的主力人員。

雖然DAO的成員之間處於平等的立場，但是投入程度越深，對專案的責任和貢獻度當然也相對增加。但就像我們目前看到的狀況，這種責任和貢獻度的區分是自然形成的，並非基於現有觀念裡在公司的「出人頭地」模式。

DAO的優點在於不會拘束個人，而且成員可以自由地參與和退出專案管理。因此，只需持有代幣就能參與專案管理，並不會受到束縛。唯一的差異只有：對於感興趣的DAO，成員的參與程度就越深入；對於只有些微關心程度的DAO，成員參與程度就越薄弱；如果完全失去興趣，只需退出該DAO即可，並沒有類似於「離職日的幾個月前必須提出申請」的規則。

只需持有代幣就能如同上述參與管理專案，而且不會受到束縛。成員可以根據自己的意願自由選擇參與投入的程度和去留。

與辭職或轉換職業相比，DAO的工作型態自由輕鬆得令人難以置信。

提示

18 DAO以治理代幣分配報酬

DAO的參與者可以獲得的對價，包括工作報酬、利益分配等。這些報酬通常是該DAO發行的代幣、穩定幣，或以太幣等加密資產形式來支付。此外，DAO的利益分配，通常基於治理代幣的持有數量來進行。

如果把治理代幣和新創企業的「員工認股權」（stock option）比較，這個概念就會變得更加清晰。

所謂員工認股權，是指企業給予員工以特定價格購買所屬公司發行的新股票權利。當員工努力有成果，公司的企業價值也上揚，員工賣出以特定價格購買的公司股票時，可以獲得較大的資本利得。因此員工認股權能激勵員工，願意為公司的成功而努力工作。

過去的社會，不論公司多麼成功，都難以想像員工能夠獲得幾億的利益。因此藉由員工認股權的制度，讓更多優秀的人才，與其選擇「生涯穩定的大企業」，更願意選擇「自己為組織成長做出貢獻，而能獲得龐大利益的新創企業」。因此，矽谷才會接連不斷誕生新創企業並獲致成功。

DAO的治理代幣分配的報酬，就類似新創企業的員工認股權。就像一般企業中，如果員工對公司的成長越有貢獻，越能讓公司股價上揚。同樣的，當因為自身的貢獻使得DAO成長時，持有的治理代幣價值也會跟著上揚，只要在代幣價格上漲時賣出，就能獲得龐大的資本利得。若繼續持有，則可以透過利益分配，獲得股息收入。

而且，在DAO快速發生這種情況也是一大特徵。員工認股權必須是公司在證券交易所上市（IPO）的情況下才能行使權利，動輒必須花上數年甚至數十年的時間。但相對的，DAO能買賣治理代幣的時間點，多數都在專案成形前，機會就會到來。

提示

19 DAO尚有符合法令的問題待解決

只不過，DAO目前仍有法令規範不明確的問題必須解決。就DAO的中譯名「去中心化自治組織」字面上的意義來看，DAO沒有明確的主體。雖然有一開始成立專案的成員，但並非「創業者」，只不過是眾多代幣持有者當中的一人。

以比特幣來說，它是一種使用區塊鏈技術的虛擬貨幣，其構想得到了眾多支持者的認同，並成長為全球最大的虛擬貨幣之一。雖然比特幣的開發是由全世界的工程師共同發展而成，但負責人又是誰呢？

發明比特幣的，是一位名為「中本聰」的人物，但目前連這個名字是不是本名都沒人知道，沒有人知道他住哪裡、是什麼樣的人。儘管如此，仍有眾多贊同他構想的人聚集而來。

如果知道是哪一家公司開發的，政府當局或許有可能摧毀比特幣。然而，像比特幣這樣，無法確定是由誰開發的、既不是個人也不是組織的電腦程式，是無法加以規範的。換句話說，要將比特幣的經濟系統納入現行法令的範疇十分困難。

同樣的，現在已有透過代幣在運作的DAO社群，有各種專案和應用程式正在運作中，這是無庸置疑的事實。在區塊鏈上的智慧型合約，就像傳統經濟活動的「業務委託合約」一樣，支付報酬等都是基於智慧型合約來進行。

雖然一般來說「數位的東西不可信任」的觀念似乎依然無法撼動，然而從WEB3的角度來看，容易遭竄改的反而是傳統的類比式文件。因此，就透明度或信賴度方面來看，智慧型合約更勝一籌。

或許可以說，DAO的功能已經超出現有國家的法令管控範圍，而且也是網路WEB3時代的常識。普遍認為法幣經濟圈今後仍會在不同形式上受到影響，這是不可忽視的。

目前最先進的例子，是美國懷俄明州將DAO視為法人實體，制定「DAO法」[19]。

但另一方面，日本則尚處在終於開始討論的階段。

如果相關法令更加完整，因為DAO而產生的工作及工作方式革新，將帶來更大的社會變革。我認為一開始可以先建立類似「DAO特區」的方案，並實驗性地實施類似懷俄明州的DAO法，或許也是一個可採行的措施。

19 譯者註：DAO法，二〇二一年懷俄明州議會正式通過DAO有限責任公司化法案，於七月一日正式生效。依據法案內容規定，DAO能根據該州法律成立為有限責任公司（LLC），而有限責任公司也可轉型為DAO。

提示

20 無法換算成金錢才有價值的代幣

看到只把加密資產視為投機標的與代幣經濟主義而形成的熱潮，反思本質上只是電子數據的代幣，能發掘出什麼樣的功能呢？

基於這樣的想法，我們因此透過「Henkaku」社群，發行了$HENKAKU幣。使用$HENKAKU幣，能在我們的社群建構出什麼樣的商業生態系統呢？現在我們正進行各種不同的創意嘗試，比方說，持有$HENKAKU幣的社群成員，能感受到什麼特別的利益。代幣經濟的一項特徵是沒有任何實體，所以我們正在思考：建構「正因為無法換算成金錢，才有價值的代幣」，是否也是一個創新點呢？

比方說，支付500$HENKAKU幣就能參加的活動，而舉辦「HENKAKU BAR」。這個活動不接受現金，只能使用$SHENKAKU幣支付。$SHENKAKU幣是對社群有貢獻而才支付的代幣，所以是「對社群有貢獻的人」才能參加的特別活動。

我們希望將來定期舉辦聯繫社群成員的實體活動，以連結那些平時在網路交流的成員。此外，我們還有其他一些想法，例如開設只針對$SHENKAKU的NFT市場。

透過這樣的方式，我們賦予$SHENKAKU幣某種「特別俱樂部的會員資格」般的功能，不是金錢價值的媒體，而是作為「社交代幣」，讓$SHENKAKU幣繼續成長。

人或社群透過代幣運作，時而融合並產生新事物的DAO，現在仍處於發展的萌芽期，這也就是說，即便其中仍有一些問題，但憑藉人們的創意依然有無限的可能。

提示

21 DAO的運作模式能否拉近社會階級的差距

在WEB3的工作方式下，不論工作內容、地點或時間，都不是透過他人的指示，而是自行主導。如果我們能把這樣的工作方式變成理所當然，也許就有可能縮小與工作相關的各種階級差距了。

比方說性別差距，根據全球性別差距指數報告，日本在全球一百五十六個國家當中，排名約在第一百二十名，始終處於後段班的慘況。除了需要修正男尊女卑的價值觀，對於懷孕、生產等重大人生事件的不理解、不寬容，也在結構面形成極大的瓶頸。男性的育嬰假雖然與過去相較之下已有部分改善，但現在對於有孩子的女性，工作環境依然不是很友善。

除了性別差距以外，有些人因為需要照顧罹病的家人而無法全職工作，有人則是因為自身的身心障礙，難以外出工作。但現今的社會往往忽視這些人的需求。

就這個層面來看，DAO原本就不存在「經營者、正式員工、約聘員工」的區分，所以不會發生「女性管理職最多只占7.8％」、「相同工作內容，但非正式員工的薪資不到正式員工的70％」等待遇不公平的情況。

然而，如果是在DAO中，「只要能貢獻自己擅長，喜歡的領域就可以」、「不論地點或工作量都不是問題」。對於在傳統社會中面臨種種困難的人，這種工作模式開啟了多元的工作可能性。

就如前面說的，DAO是運作模式與過去完全不同的社群，因此產生了全新的工作模式選擇。未來，應由實際在DAO工作的人提出各種工作模式的改革和創新。同時，透過加密經濟圈的交易機制、代幣的賺取和運用，也有可能培養自己的經濟能力。

那些過去在傳統法幣經濟中找不到想從事的工作，或缺乏實踐途徑的人，或許可以透過加密經濟拓展能力和實現自己的願望。

雖然有人認為在網路WEB3時代冒著風險成為領頭羊，可能會產生其獲得的代幣價值大幅增加的「先行者利益」，進而加劇貧富差距。然而，我認為這並非必然。如果加密經濟圈繼續擴大，有可能創造出一個不同於以往、更加平等的社會。

第二章

文化

人們的「熱情」將成為資產

提示

22 因可認證數位資料真偽，NFT所引發的變革

區塊鏈是將每一筆交易資料都製成區塊（Block），再透過區塊與區塊連結，紀錄交易過程的一種機制。

由於所有的交易紀錄都相互串連，而且具備任何人都可以檢核的公開透明特性，所以實質上任何一筆交易資料都不可能遭到竄改，因此區塊鏈為比特幣或以太坊等「作為代幣使用」，提供最高安全性機制的技術擔保。

而像這樣原本是為了紀錄交易過程而生的區塊鏈技術，被用來證明數位資料究竟「是否偽造」、「由誰擁有」的工具，則是NFT。

一提到數位資料，或許會令人覺得它可以自由複製、竄改或刪除。但實際上，無法對紀錄在區塊鏈上的交易履歷輕易進行這些操作。這是因為NFT能夠做到「世上獨一

無二的真品數位認證」。

看到這裡，或許就能理解為什麼ＮＦＴ能在數位藝術品創作者之間受到廣泛運用。創作者創造作品，在OpenSea等ＮＦＴ交易平台推出，喜歡該作品的人可以購買。雖然OpenSea會扣除交易金額的2.5％作為手續費，但門檻還是比透過畫廊等地方出售更低。由於ＮＦＴ的出現，「藝術家可以靠自己的力量賺錢的結構」應運而生。

另外，ＮＦＴ還有可能顛覆過去大量生產、大量消費的產業結構。

說起來，把世界上唯一的東西送到一個人手上，是一件非常沒有效率的事。因此大企業通常會大量製造相同的產品，再一次大批運送，這才是有效率的做法。因此大量生產、大量消費的產業結構能夠長久持續到現在。

數位消費商品沒有物流程序的問題。在過去，製造「世界唯一的數位消費商品」就技術而言是不可能的。雖然數位消費商品和真實物品不同，但從「多數人消費相同的東西」的意義來看，仍然類似於大量生產、大量消費。

但ＮＦＴ並非大量生產、大量消費的工具，而是由於區塊鏈技術，實現了「全世界只有一筆，不可能複製的數位資料」。

時代確實不斷在改變，現在人們更加重視「與物品建立牢固的關係」，「大家都擁有相同的東西」，已逐漸演變為過時的價值觀，NFT正好符合這股風潮。又或者說，NFT的誕生，加速了這股風潮。

以大受歡迎的無聊猿PFP來說，任何一個都是全世界獨一無二，買了喜愛的PFP作為自己在社群媒體的頭貼，久而久之會越來越有感情。

這麼一來，自己與作品的關係就不是單純的擁有／被擁有，而是自我表徵，更進一步說，是形成自己的身分。也就是和作品的關聯性變得更牢固。

提示

23 不盲目跟隨NFT風潮

近年來數位藝術家之間的交易越來越熱絡，吸引了許多以投機獲利為目標的人湧進市場，他們從中嗅到大撈一筆的機會，甚至出現陷入「NFT泡沫」的人。

如同歷史一再證明，泡沫總有一天會破滅。不過，如果擁有充分的基礎設施，或人有足夠的素養，在泡沫化剛發生之際就做好準備，那麼即使泡沫化之後依然能夠存活下來。

NFT也不例外。在NFT風潮中，市場越來越成熟，人的素養越來越高，因此當風潮過後，依然可以存活下來的NFT其存在模式應該會誕生。

我認為沒有必要一味追逐風潮，但如果完全無視，當有朝一日NFT變得普及時，確實會遇到有些不便的狀況。因此，不妨從現在就時常關注NFT的發展並嘗試參加。

提示

24 NFT使無形價值成爲可進行交易的項目

舉例來說，想像你面前有兩個護身符。一個經過神職人員的祈禱和加持，而另一個則完全沒有經過加持。這兩個護身符使用相同的材料，大小與設計也一模一樣，外觀看起來毫無二致，但是對於有信仰的人而言，他們可能會更想擁有經過加持的御守。

這就是「不可替代、非同質化」的意思。而發行這些具有非同質化價值資訊的，就是ＮＦＴ，而能夠保證資訊足以信賴的，則是區塊鏈。

換句話說，只要紀錄下加持的過程資料無誤，就不必擔憂：「這是真的經過加持的護身符嗎？」「這真的屬於伊藤穰一嗎？」因為即使沒有實體的鑑定書，依然可以透過區塊鏈的紀錄得到證明。

就像企業的財務報表有可能做假帳，鑑定書等證明文件也可能遭竄改。但是，如同我前面說過的，區塊鏈就系統的性質，一旦紀錄了交易，就不可能被竄改或刪除，因此實質上沒有比這個更能證明「真偽」、「持有者」的證明了。

當人們說「比較想要經過加持的御守」時，簡單說就是想要「真品」，說得更明白一點，他們重視的是「擁有真品的感受」。

NFT把非同質化的價值代幣化，使得無法實體化的「真品」價值可以進行交易。無論是選擇真品或選擇仿冒品，就形狀、大小等物理屬性來說幾乎可以說一模一樣，但是對於內心的感受卻有很大的影響。因此NFT可說是非常符合人類這些內在最純粹、最基本的價值觀與情感的代幣。

25 NFT幫助藝術家成爲經營者

由於NFT的出現，藝術家現在可以自行管理藝術作品的事業。

在NFT出現以前，藝術家當然還是一樣創作自己的作品。但是，如果想公開銷售作品，首先必須想盡辦法在畫廊等場所賣出作品。即使成功找到買家，也必須支付相當比例的手續費作為成交報酬給仲介人員。

簡而言之，過去的藝術品交易市場，都是以「藝術家賺不了錢」的結構在運轉。NFT的出現，注入一股清新空氣，改善這種情況。

目前，NFT在數位藝術與電玩領域最受矚目。

當新的事物出現，人們通常都會透過自身的經驗延伸去理解。最顯而易見的是，

NFT被視為是已經存在的數位藝術和遊戲道具的延伸，這些產品早已因為使用區塊鏈技術而變得更具WEB3時代的風格。因此，從這些方面去認識NFT可能是最容易的入門方式。

我們可以先從這一點作為認識NFT的起點，但NFT還具有更多潛力。觀察目前的NFT交易平台，很多只是貼上數位藝術的JPEG檔圖片，換句話說，只是單純用NFT取代「畫布」。NFT如果始終停留在這個用途，實在相當可惜。

我認為NFT應該可以更廣泛運用在各種領域。由於NFT可以透過區塊鏈驗證「是某人創作的某個作品」，因此即使未來內容發生變化，也不會影響其真偽或唯一性。

例如，設計「每一次點選連結，內容就會根據作品的概念而產生變化」，我認為這樣的數位藝術NFT應該也相當有趣。

今後，當NFT普及到大家習以為常時，相信就會出現擺脫過去對於藝術認知的侷限，出現以WEB3、NFT為前提的作品。不單只是視覺藝術，應當會增加更多如上述下了工夫的概念藝術作品。

實際上，一群自詡為「藝術愛好者」、名為「燒毀班克斯」（BurntBanksy）的人，在英國知名街頭藝術家班克斯（Banksy）的作品透過數位化保存後，以焚燒的方式銷毀班克斯的原始創作《傻子》（Mornos），並在網路上公開過程，同時創建了一個NFT來代表這幅作品，讓這件引起藝術界譁然的作品在OpenSea拍賣。

這可以說是「以班克斯的概念呈現班克斯作品」[20]的概念藝術。雖然認同或不認同的意見分歧，但事實上，也只有透過NFT才能實現這樣的創造方式。這再次證明了NFT可以根據不同創意而發展出無限可能的領域。

比方說，未來也有可能出現把體驗某件事時的感受或情緒作為素材的數位藝術，創造出過去無法想像的獨特NFT作品。

20 譯者註：班克斯過去曾破壞過自己的畫作《氣球女孩》（Girl With Balloon）。二〇一八年，該畫作在蘇富比拍賣出一百四十萬美元的價格後，立即被班克斯隱藏在畫框內的碎紙裝置銷毀。

提示

26 人們反對NFT的理由

社會上也有人對NFT持否定態度。這些人反對的理由可以大致分為兩種。

一是「對環境的破壞」。二〇二二年二月，世界自然基金會（World Wide Fund for Nature），為了進一步提升大眾對生物多樣性危機的認知而籌募保育工作基金，推出瀕危物種藝術品的NFT，卻招來環保人士嚴厲批評，剛推出便緊急下架。

NFT現在是成長最快速的市場，因此利用NFT募資可說是合理的想法。但是，這樣的舉措受到環保人士的質疑：「使用高度消耗能源的技術來推廣環保活動，不是很矛盾嗎？」

確實，區塊鏈在挖礦時必須消耗大量能源[21]，對於地球暖化的確會產生負面影響。不過，身為NFT主力的以太坊則致力於改善目標，把在區塊鏈上的演算法從對環境負擔較高的「工作量證明」（PoW，Proof of Work）轉移到對環境負擔較低的「權益證明」（PoS，Proof of Stake）。而比特幣等以太坊之外的區塊鏈，也大量推出對環境負荷較低的NFT。

此外，WEB3時代的人通常也是環保意識較高的人，以DAO來說，就有許多是以碳抵換[22]為目的而提出的專案。此外，有些比特幣的社群也積極推動再生能源。

「對環境負擔的問題沒有完全解決的話，不想和WEB3有關聯」應該也是一種價值觀。

但我認為「因為對環境有害，所以不參與革新」的想法，其實很可惜。原本WEB3就是以社群為基礎而運轉的世界。換句話說，已經具有討論的環境、風氣。待解決的技術問題，應該可以大家商討解決，不是嗎？

接著談到另一個反對NFT的觀點，則是「藝術家利用NFT獲利實在不像話。這形同背叛！我不當粉絲了！」，這種想法只能說自私且毫無理性。

首先，若是作品能在NFT交易平台找到買家，藝術家就能獲得收入。而且，因為區塊鏈上會留下「這原本是哪個人創作的作品」的持有者紀錄，所以能夠設定每一次

NFT轉賣時，都能分潤給藝術家本人。

像這樣，以往處於「藝術家賺不到錢的藝術品買賣結構」的藝術家，現在可以主動管理自己的藝術品交易，穩定地靠作品維生。將這個可能性擴大，正是NFT的一大優點。

因此，我認為藝術家不需要在意那些不講道理的意見，希望他們能藉由NFT摸索出更多嶄新的藝術創作。

自從NFT開始風行以來，雖然經常可以看到名人發行的NFT，但現階段的推展，看起來似乎並不是很順利。

NFT的價值，恐怕不光是某個名人發行NFT，而更取決於它的獨特之處，以及受到社群的支持和推崇。「這太酷了」、「好可愛」、「真有趣」等，在粉絲口碑的推波助瀾下，NFT的價值將產生動態提升，這才是真正有趣的地方。

---

21 原書註：挖礦（mining），指認證和驗證區塊鏈交易的過程，同時也是建立新加密貨幣單位的過程。譯者註：挖礦需要進行複雜的數學計算，必須使用大量的伺服器和電腦資源。這些過程需要大量的電力供應，因此導致能源消耗相對較高。

22 原書註：碳抵換（carbon offset），藉由購買他人減少的碳排量，來抵銷自身碳排量的減碳策略。

提示

27 文化的本質將從「消費性」轉爲「社群參與」

由於ＮＦＴ，文化的本質將從「消費性」轉變為「社群參與」。

就像無聊猿一樣，最初剛販售ＮＦＴ藝術時，透過發行與上市代幣（例如無聊猿幣），甚至出現社群成長規模大到幾乎形成一個經濟圈的案例。

像這樣，藝術品從單純的所有品，演變為社群參與。自己也從單純的顧客身分，演變成以社群個別成員的身分，共同炒熱社群。

也就是說在網路ＷＥＢ3時代，不論藝術家或喜愛藝術家的同好，任何人都能成為經營社群的主角。

前陣子我買了新媒體藝術大師藤幡正樹（Masaki Fujihata）的ＮＦＴ作品。

他銷售的方法很有趣，藤幡大師把編號1到30的作品標上價格，然後將價格除以購買者的人數，來決定每一個人的交易金額。假設1號作品的價格是十萬日圓，而有五個人想買1號作品時，這個作品就會被製成第1至第5版，每個人需要支付的金額為兩萬日圓。

附帶一提，我所挑選的作品連我在內的買家有五個人，有的作品買家則多達八百人以上。那麼，針對這件事你的想法是什麼呢？

我買的作品除了我，還有四個人持有，可以說比多達八百位買家的作品更稀有。但是，換個角度來看，我所選擇的作品吸引的人數較少。

也就是說，這個作品的社群相較於有大量買家的作品而言，規模小了很多。當然，最重要還是「因為喜歡才買」。但在NFT的圈子，社群夠大也會成為一股潮流，所以就這層意義來看，這是令人感到有點寂寞的結果。

因此，對於NFT藝術收藏者來說，這件事令人覺得心情有些複雜，但對藤幡大師來說，這個「複雜的心情」，才是作品本質的體現。

就衡量作品價值的角度來看，社群的「大小」、「熱門程度」，正是NFT才會有的特徵。

我平常購買NFT藝術品時，該藝術品的社群是否活躍是一項參考重點。我購買無聊猿，也是因為它的社群十分熱絡，參與者積極交流，似乎非常愉快。我相信那也是無聊猿現在獲致成功的原因。

另外還有一個極佳的案例可以證明社群對於NFT藝術品的成功非常重要，那就是二〇二一年大受歡迎的「可愛骷髏」（Kawaii SKULL）。最初發行NFT作品時，可愛骷髏決定的數量是一萬件。數量太少無法成名，但數量過多又會失去稀有度而變得廉價。所以一萬件的設定，可以說恰到好處。

現在這一萬件NFT的購買者，彼此形成一種輕鬆的關係，在推特把可愛骷髏設定成頭貼，彼此跟隨帳號，使用「GM」[23]互相打招呼，產生雙向交流。

擁有相同藝術家作品的人形成社群，也可以說是NFT藝術最吸引人的特色。

23 原書註：指WEB3的行話Good Morning。

提示

28 入場券NFT化可加強與粉絲社群連結

二〇二一年左右突然風行起來的NFT，似乎出現許多買進後一旦價格上漲就脫手的投機買家。但今後會變得重要的，是那些持有者不輕易轉售，並且具備長期價值的NFT。

以我長期擔任顧問的日本偶像藝人經紀公司傑尼斯事務所為例，二〇二二年傑尼斯開始挑戰將一部分演唱會的入場券NFT化。

傑尼斯原本就是一家粉絲凝聚力極強的事務所。該事務所的理念，是讓付出金錢的粉絲覺得能獲得超值的回報。傑尼斯粉絲圈的氣氛令人覺得很類似DAO。

將入場券NFT化，除了基於便利性，或許更容易激發粉絲的喜悅感。因此，傑尼斯事務所基於這個想法而嘗試將入場券NFT化。

傑尼斯演唱會向來很受歡迎，因此入場券的販售採取抽籤制度，但為了防止轉售等不當獲利行為，甚至連家人、朋友之間的轉讓都被禁止。因為入場券太搶手，因此在管理上，多年來一直是事務所棘手的問題。

在這樣的情況下，傑尼斯事務所決定將入場券NFT化，初期階段，先就小傑尼斯的公演，訂出只要是加入「傑尼斯情報局」的會員，家人或朋友之間允許轉讓入場券。

如果是NFT入場券，即使轉讓，也不必擔心被以轉售獲利為目標的人非法利用。NFT入場券因為透過區塊鏈技術，所以，「誰拿到票、轉讓給什麼人」都會留下紀錄。當然，如果是真正的粉絲，即使有轉讓行為，應當也是出於迫不得已的情況吧。

這麼一來，就可以過濾出「雖然時常購買入場券，但幾乎每次都轉讓」這類明顯可疑的交易紀錄，這些人顯然是以轉售為目的，因此這也是預先透過程式過濾「冒牌粉絲」的策略。從一點來考量，NFT入場券可以說形同驗證「真假粉絲」的工具。

此外，對粉絲而言，入場券更是無可取代的「回憶紀念品」。

很多人會珍藏曾參加所支持的偶像演唱會時留下的入場券存根聯。實際上，也確實有高價拍賣知名藝人演唱會入場券存根的案例。

傑尼斯偶像因為大受歡迎，所以演唱會結束後，NFT入場券的價值可能會上揚。

但是正牌粉絲通常不會轉售象徵珍貴回憶的紀念品，而是會選擇一直持有它們。

也就是說，NFT入場券，是透過區塊鏈成為信用保證的入場券，同時也是具有不可替代、長期保值的紀念品。

入場券的NFT化，說起來就是不需經過平台仲介，直接透過系統售票給粉絲的「D to F」（direct-to-fan）商業模式。相信這也更強化了傑尼斯事務所與粉絲社群之間的連結。

不僅傑尼斯事務所，日本的內容產業，原本和粉絲社群間的連結就很強，粉絲的喜好也是內容產業的一大特點。若能巧妙地結合WEB3的代幣經濟，進一步靈活運用，日本內容產業的價值也將更廣為人知。

提示

29 「因爲喜歡而買」才有意義

或許是在WEB3的圈子裡，金錢交易的金額相當高的緣故，很多人的目光焦點似乎都放在「能有多少獲利」。

但WEB3真正的重點並不在這裡，相反地，WEB3的價值觀有別於法幣圈的「能有多少獲利」，而是重視每個人能依照自己的價值觀與興趣嗜好，能自由地去做喜歡、想做的事情，才是WEB3真正的價值所在。

以NFT來說，容易吸引大眾目光焦點的，往往是以幾千萬或幾億的高價成交的作品。若是因為閱讀本書，而產生「我也來買買看」的人數增加，雖然無妨，但是，希望你不要只是基於「好像能大賺特賺」的念頭而購買。

當然，每個人買NFT都有自己的理由，但NFT市場的熱絡，確實有一部分是基於投機目的被吸引而來。交易平台的收入來源是手續費。轉售時，原本的持有人不用說，藝術家也能得到分潤。

因此，NFT市場很容易形成「什麼時候價值會上揚？什麼時候該賣？」的動機。但也並非完全都是以投機炒作為目的的人，確實也有很多人是純粹欣賞NFT藝術。

我的建議是優先重視「因為喜歡才買」的感覺。

在聽過許多NFT藝術家、收藏者的意見之後，我最感同身受的是，「只購買即使價格沒上漲，光是持有就很開心的作品」、「價格沒上漲是理所當然，若是上漲會覺得很幸運」。

最糟的情況是預估價格會上揚，買了並不喜歡的作品，結果價格一直沒上揚以致無法轉賣。這樣的作品一直存放在加密錢包中雖然很礙眼，但若要轉售又需要花費一筆錢。例如在以太坊的平台中，無論交易成功與否，都需要支付「礦工費」（Gas Fee，相當於區塊鏈的手續費）。

然而，自己所支持的藝術家獲得高評價，是件單純令人開心的事。由於NFT可以很明確得知作品「由誰持有」，所以作品價值上揚，也等於證明了自己的品味與眼光。只不過，這些都是結果論，一開始就以獲利為目的而購買似乎價值會上揚的作品，和因為喜歡而購買的作品，兩者完全無法相提並論。

我個人幾乎沒有轉賣過ＮＦＴ藝術品。仔細回想一下，大約就是曾經次買了無聊猿，卻怎麼都無法更換成頭貼；以及有一次非得透過連結才能看到的ＮＦＴ藝術品，結果打開後不合我的喜好所以轉賣了。這都是因為我並非以出售獲利為目的，而是因為喜歡才購買。

我也曾因為喜歡某位泰國的ＮＦＴ藝術作品而購買。他在全球的活動公開該作品時，必定在展示時加上「伊藤穰一持有本作品」這一則訊息。而且每次都會寄給我照片，以及以下訊息：「這次也以這樣的形式展出喔。」

每一次我收到訊息都會很開心。因為那是我購買的作品，同時也有許多人看到，感受到作品價值提升的喜悅，而不是因為獲利。所支持的藝術家得到好評，這件事本身才是「不可代替的價值」。

提示

30 只買有炒作潛力的NFT，加密錢包會變得無趣

購買NFT，就像成為藝術家的贊助者。

這和以營利為目的的廣告贊助商，或是單純消費作品的消費者不同。贊助人是純粹喜愛作品，為了支持藝術家而購買。而藝術家也會回應這份支持，例如發布限定給社群成員（購買作品的人）的作品，或提供特殊的福利回饋。

透過NFT發行作品，藝術家與粉絲能夠直接連結，並且產生更牢固的社群關係。也就是說，持有NFT本身明明是有價值，並且令人開心的一件事。如果只關心「什麼時候會漲呢？什麼時候可以轉賣大賺一筆呢？」，豈不是太無趣了嗎？

本書第27個提示介紹的藤幡大師曾說：「可以複製的數位藝術，原本就沒有『原創

與複製』的概念。假設作者製造出一百個複製品銷售，就會有一百個人持有相同的作品。從這一點來思考的話，所謂的數位藝術，並非該作品是原創，而是『與該作品互動的個別經驗』才是原創，就這個意義而言，我認為數位藝術應該歸類在表演藝術。」

我也十分贊同這個看法，我認為如果只是單純想獲利而購買，無法真正體會此一無法替代的價值。相較於「好像會賺所以購買」，「因為喜歡而買」我相信更能體會到WEB3的樂趣。

何況，只要知道錢包地址，任何人都能透過連結看到你的加密錢包。或許購買NFT作品之際，提醒自己，別人看得到自己錢包的內容是個不錯的方法。

家裡的收藏櫃是個人隱私，區塊鏈的紀錄卻是任何人都可能瀏覽，而且無法任意刪除、變更。最重要的是，未來的WEB3時代，別人甚至有可能會根據加密錢包的內容評價我們。

提示

31 什麼事物NFT化會變得有趣

當被問及NFT究竟是什麼時，現階段能明確回答的，就是一如字面上的Non-fungible token，也就是不可替代的貨幣。

簡單來說，NFT是一個概念嶄新到目前還無法確切定義的技術。因應需求的不斷多樣化，市場上也會出現各式各樣的NFT商品。今後隨著持有加密錢包的人增加，「什麼樣的東西NFT化，會是人們想要的？」這個問題也將衍生更多創意，從而誕生形形色色的NFT商品。

不過，NFT畢竟問世的時間還很短，它的可能性仍是未知數。過去哪些被疏忽的價值能和NFT連結，與人們的目的與創意有關。

在此分享幾個浮現我腦海中的點子吧。

- 就像為拍攝電影的工作人員所設計的夾克制服一樣，讓你的虛擬化身（avatar，自己在元宇宙的分身）穿上不能轉賣的數位時尚服飾，就能顯示出你是該社群的成員。
- 給予對社群有貢獻者不能轉賣的「致謝NFT」。持有這個NFT的人能參加社群活動，或是獲贈社群數位商品。
- 給經常在餐廳「有高額消費」的客人不能轉賣的「貴賓NFT」，持有這個NFT，就能預約到「只接熟客訂位」的餐廳。

像這一類的特點，應該能立即製作出來。「不能轉售、轉讓」就代表這是「無法換算成金錢價值」的資產，應當能夠廣泛運用在不同的領域。

我的Podcast節目中，也嘗試從聽眾寄來的諮詢電子郵件中選讀一部分，並致贈節目特製的NFT作為禮物。也預計不久後舉辦持有這個NFT才能參加的活動，希望藉由這個方式讓社群交流更熱絡。

提示

32 嘗試將宗教信仰、學位NFT化

如果稍微擴大範圍，例如嘗試把宗教信仰或學位NFT化，或許具有更大的社會意義。

以無形的宗教信仰來說，我認為屬於非金錢性，並且具有長期價值（對信徒而言，信仰是永遠的），這兩點特性很適合NFT化。

若是神職人員、宗教學者能認真進行討論，讓NFT與宗教價值融合，或許能誕生新的信仰形式。

例如，可以推出「參拜NFT」。這個點子是有一次我和某一座寺廟的僧侶談話之際想到的方案，那就是贈送NFT給一年一度參拜並布施的信徒。雖然禁止轉售NFT，但可以作為繼承或轉讓。如果中途停止參拜或布施時，這個NFT就會變成無效。這麼一來，信徒必然會盡可能每年參拜一次及布施。

或許有人會擔憂，對於信仰採取這樣的做法，會變成半義務的行為，導致「徒具形式」，但光就技術層面來說，這本身就是有趣的事情，不是嗎？

這個習慣可以從父母傳給子女、再由子女傳承給孫輩，參拜NFT經過五十年、一百年……代代相傳成為寺廟或家族的族譜。過去這些只會記載在古典文獻般的文字紀錄，今後可以紀錄在區塊鏈上。

可以想像，未來透過技術認證的「數位文獻」，將能作為傳家寶代代相傳吧。

另外一個符合非金錢性而具有長期價值條件的，就是學位。

雖然取得學位需要支付學費，但學位卻不是有錢就能手到擒來。而且所謂的學位，也是彰顯一生當中的大部分時間「在某個領域有一定的學識」的證明。

因此想像中的學位NFT，就是把「研修這門學問」的證明，以NFT的形式來發行，而不是發給畢業證書或學位證明書等文件。

雖然偶爾會看到名人學歷造假的新聞成為話題，但若是學位NFT普及化，就不會再有偽造畢業證書等騷動，因為立刻就能確認真偽。

我前面已多次提到，區塊鏈的紀錄實際上是不可能刪除也無法竄改。加密錢包若可以查看學位NFT，就證明擁有該學位，錢包裡無法找到該NFT，就意味著沒有取得學位，這樣的「證明」應該比任何方式都清晰明確。

事實上，已經有一些地方開始採取類似學位NFT的做法。

二〇一七年，麻省理工學院的媒體實驗室進行了一項使用區塊鏈發行學位的實驗。他們使用了一個名為Blockcerts的區塊鏈數位學位認證系統，並且考慮到標準化的問題。我目前任職的千葉工業大學變革中心也正在參與這項計畫，並準備發行使用區塊鏈的數位學位認證。

另一方面，馬來西亞的教育部在二〇一八年十一月，則是決定採用區塊鏈發行、驗證學位的系統，以防範偽造學位證明。由於政治家的學歷造假事件層出不窮，甚至有在網路上公然販售學歷等事件。尤其馬來西亞的政治家學歷造假事件造成嚴重的社會問題。在日本，經濟產業省也進行了關於是否可以利用區塊鏈技術來紀錄和保存學位、選修科目、工作資歷證明，以及研究數據的調查和報告。

貨幣經濟是一個只講理性的系統，但它的缺點在於一切事物都以貨幣這個單一的價值標準來反映。

因為只論理性，所以「對有些人而言有價值，但對有些人來說則無價值」，這類具個別差異的事物，無法視為「資產」來處理。因此形成「只要有錢就能博得好評」這種單一的價值觀。

但實際上，我們的生活周遭還有很多東西無法用貨幣價值來評估，也無法用金錢購買，比方說那些基於人們的情感、熱情或時間推移等背景因素而形成的事物。

NFT能夠把這些事物依據背景因素而代幣化，這是一種全新的價值表現方式。有別於過去的貨幣經濟，過去被忽視的非金錢價值現在也能因為新的科技，能夠有更好的呈現。

提示

33 沒有銀行帳號的人如何生活

隨著WEB3加密經濟的興起，對現有貨幣經濟的衝擊不斷增強，並不斷與社會變遷相互呼應。其中一個表現形式是高舉「BANKLESS」（無銀行）的美國年輕人。我個人如果現在還不到二十歲的話，也想要試試看這樣的生活型態。

平均年齡約在十五、六歲的這些年輕男女，以在加密經濟所賺到的虛擬貨幣，在虛擬貨幣的ATM換成現金購買食物。他們透過加密經濟賺錢，在法幣經濟圈的經濟活動只剩消費行為。因此不需要存放現金的銀行，這就是「BANKLESS」的變革。

這些年輕男女多數似乎都和父母同住，所以必須自行支付的生活費並不是很多，話雖如此，像這樣只透過加密經濟賺錢而生活的人現在已經出現了。其中也有人靠著NFT賺取大量虛擬貨幣，並發出豪語：「我這輩子都不打算申請銀行帳戶！」

這種感覺，就像是對現有的系統與價值觀感到嫌惡因而脫離，形成如同中古歐洲自治城鎮的公社（Commune）生活，這和一九六〇年代到一九七〇年代的嬉皮文化氛圍非常相似。

加密經濟圈範圍不斷擴大，光靠加密經濟而生活的人、虛擬貨幣ATM，或是能以虛擬貨幣結帳的商店持續增加時，社會也將走向適應加密經濟圈的方向。

我和NFT藝術家一起去吃飯等場合時，分攤餐費時也會使用以太幣轉入對方的加密錢包。日本目前還沒什麼虛擬貨幣的ATM，所以虛擬貨幣的使用還不夠便利。但我想這種情況早晚會因應趨勢而改變。

或許現在還難以想像，但說起來就像是餐點外送的轉變，從打電話訂餐轉變成在網路點餐、結帳一般。

比方說，一開始使用Uber Eats點餐、結帳時，雖然會很驚訝「超級簡單」，但不久驚奇感會逐漸消失，變成十分理所當然的事情。

以更長遠的眼光來看，或許有一天，以太幣將成為世界最大的主流貨幣。我指的不是世界最大的加密貨幣，而是包含美元、日圓等法幣在內的全球最大貨幣。

法幣經濟因為有國別限制，任何一個主要貨幣都不可能超過全球人口的一半。

但另一方面，加密貨幣經濟則是和國家無關的全球經濟圈，當全球一半以上的人口在加密經濟圈進行經濟活動時，其中流通的加密貨幣，自然就會成為全球最大的貨幣。

現階段多數國家在法令或網路基礎設施都還趕不上，但是，全球各地人口確實都有往加密經濟圈移動的趨勢。若是包含潛在使用者，這個比例可能已經相當高。

因此，想像不久後的世界，這絕對不會是一個天馬行空的創意，全球都理所當然地使用由以太幣為代表的加密貨幣的未來，我認為非常有可能發生。

第三章

身分認同

我們將習於運用多重身分

提示

34 解放身體限制，公平參與元宇宙

在序章中，本書把元宇宙（metaverse）定義為「以網路即時溝通為前提，進行某種價值交換的空間」。虛擬實境當然是元宇宙的極大要素，但並非全部。

另外，元宇宙還包括另一個關鍵字，那就是「多樣性」。元宇宙的概念是，不以「這裡是臉書」、「這裡是推特」等平台來區隔，而是將網路的各種社群、溝通空間都融合在一起，形成「超級」（meta）的「世界／宇宙」（verse）。因此，元宇宙必須是突破平台、溝通空間的限制，可來去自如，並且對任何人一視同仁，不限制參與條件。

本書一開始曾介紹的小說《雪崩》中，登場人物就像無差別存取模式地參加元宇宙，在元宇宙中沒有性別、人種、健康或身障等歧視問題，讓每個人都能以最適合自己的方式公平參與，這是非常重要的，因為這樣能夠確保多樣性。

在這樣的元宇宙維護多樣性，絕對不是痴人說夢。

舉一個簡單易懂的例子。虛擬實境中的使用者可以選擇自己想要的虛擬化身，甚至可以是動物，或是小說、戲劇中的角色等非人類形象。也就是說，可以使用喜愛的動物或角色當作自己的化身。

「那是虛偽的自我！」有些人或許會覺得反感，但我認為透過元宇宙，讓人們能夠解放自己的身體限制更加重要。

現實世界的我們，不論是刻意或無意，我們都有許多對自己身體的種種限制。不論是男性、女性、高個子、矮個子……要一一列舉可能沒完沒了，但身體特質形成身分要素的同時，也把自己封閉在「自己」的這個框架中。

不需透過身體為介面的即時網路／虛擬空間，元宇宙讓使用者能從這一切的框架解放。

例如手腳殘障的人，在元宇宙中可以使用化身，盡情旅行、飛翔、跳躍。這正是任何人都可以公平參與的元宇宙多樣性。

VR藝術家關口愛美（Aimi Sekiguchi）曾經在某次創作展時，讓高齡人士使用VR

設備體驗她所創作的虛擬世界。在現實世界中，路面稍有凹凸不平就會絆倒的老年人，在元宇宙中，能自由自在地移動。據說許多體驗過活動的老年人神情愉悅地表示：「能夠這麼隨心所欲地移動真是太棒了！」

現實世界感到身體限制而不自由的人，今後可以在元宇宙裡謳歌人生。構思這樣的未來藍圖而創作的關口愛美表示，今後也將與漸凍症患者合作，推動元宇宙的相關專案。

提示

35 元宇宙是改善不平等的助力

元宇宙關於人體的應用，並不限於肢體有障礙的人士。

以前我曾和研究神經多樣性（Neurodiversity）的權威，歷史社會學家池上英子對談，聽她說過一件非常令人感興趣的事。

罹患自閉症或過動症等神經發展疾病的人，似乎都不擅長與人面對面溝通。他們對於與他人四目相接，理解對方的想法、情緒，同時要自我表達這件事有困難。但進入元宇宙時，據說這些被視為「有溝通障礙」的人，卻能順利地與他人溝通。

從這些例子重新來看，我們所處的現實世界，可能是更加不平等的溝通空間。

曾經有一家美國的婦產科新生兒育嬰房，觀察到「外表可愛的嬰兒」比較胖的有趣現象，他們提出的報告顯示：育嬰房的護理師以奶瓶為嬰兒餵奶時，外表比較可愛的嬰兒，護理師容易餵得較多。

這樣的事發生在真實世界，相當不公平，不是嗎？即使不像前面提到的那些在身體上，或是神經結構特徵而帶來的不便，人一定還是在不知不覺間，在許多不同層面自我設限，或是承受來自他人的侷限。

各種不公平的問題，當然有必要一一去因應。

然而，或許科技帶來的也是其中一個解決方案，我們生活在充斥著各種顯性與隱性不平等的社會現實中，不妨把元宇宙視為改善不平等的助力，就不會把元宇宙小看為只是一個虛擬空間。

技術上的基礎已充分完備，接下來就取決於人想要迎向什麼樣的未來。這完全要看我們自己的意願來決定。

提示

36 虛擬空間的「個人房間」能做到的事

元宇宙當中蘊藏著哪些可能性呢？前面我陳述的都是從較廣闊的角度來看，作為虛擬實境的第一個入口，或許可以先以NFT為契機來理解。

簡單來說，虛擬實境就像在虛擬空間中擁有一個「自己的房間」。有別於現實世界的房間，這裡能夠突破物理限制，讓人們可以和全世界的人交流，並且任意布置自己的房間。此外，若是想把特地購買的NFT藝術作品展示給其他人看，也可以將元宇宙當作你的展示會場。

其中最重要的一點，就是沒有平台的限制。

在WEB2.0時代，平台具有相當的力量，個人的網絡（例如線上即時的結帳資訊、所屬社群等）都和平台綁在一起，無法攜出在其他平台使用。

雖然大家都將這種情況視為理所當然，但舉個現實生活的例子來說，就像是店家告訴你：「你在本店購買的衣服，不能帶回家。」明明是你買下的物品，卻不能帶離那個空間。仔細一想，實在很荒謬。

然而在WEB3時代，則是和區塊鏈綁在一起。WEB2.0則是在基礎設施上有平台，平台將使用者資訊及使用者網絡綁在一起的結構。但WEB3則是基礎設施本身就形成使用者資訊和網絡綁在一起的情況。

這麼一來，就變成使用者把紀錄著自己的資訊、網絡的區塊鏈攜到平台，所以不會被侷限在單一平台，而能夠在自己的網絡和平台之間自由移動。

例如將在NFT交易平台購買的NFT藝術作品，裝飾在自己虛擬的房間，或是其他社群空間。

當交易完成時，交易履歷就紀錄在自己的區塊鏈上，從交易平台到元宇宙，從元宇宙到其他社群空間，帶著收藏該作品的加密錢包，就能自由進出不同的平台。

以我剛剛舉的例子來說，就像「把購買的衣服從服飾店帶回來，收藏在自己家裡的衣櫃，也能在其他日子穿上外出」，是同樣的意思。

提示

37 藉由區塊鏈技術，人再次成爲主體

在現實世界中，能自由地帶著自己擁有的物品來去自如，是理所當然的事。

在服飾店購物後，將成為自己持有的衣物帶回家。帶著自己的帳簿前往會計師、稅務師的事務所，這個帳簿一定是自己擁有的。但是在WEB2.0的世界觀中，在網路記帳，幾乎都會和平台綁在一起。

即使有些情況允許在其他平台紀錄，但仍受限於所使用的平台格式，主導權都在平台方。在WEB3的話，則相當不一樣。自己紀錄在區塊鏈的交易紀錄，會進入自己的加密錢包。

結帳時，只需在結帳用的網站輸入自己的加密錢包地址，即可完成結帳動作。同樣的，如果想處理稅務，就在稅務用的網站輸入自己的加密錢包地址，即可完成稅務處

理。未來的加密經濟圈，應該會出現更多類似這樣的應用程式。

如果一開始選用的應用程式不夠好用，可以尋找其他更容易使用的應用程式。這種時候就到新發現的應用程式網站，輸入加密錢包地址。

我目前使用的應用程式是，提供加密資產專用稅收申報服務的Koinly，以及一站式管理加密錢包的Zapper。這些應用程式除了可以在區塊鏈進行結帳、稅務處理以外，所有的行政事務都能快速處理，只要把自己的加密錢包連接會計專用工具，就能自動結帳，這些應用程式開發者也能寫出符合使用者當地政府規定的應用程式。

這裡所做的是，使儲存在區塊鏈中的資訊，能夠在各個不同的網站上進行處理。根據需要，我們將各種工具進行組合，這也可以說是WEB3才能做到的「可組合性」（Composability）。

只不過，就像大家所看到的，只需輸入錢包地址來連線，並不會將數據資料轉移到該網站上。資料的來源始終在區塊鏈上，個人的加密錢包資訊依然屬於自己所有。

WEB2.0無法實現這樣理所當然的操作。

因此區塊鏈技術的出現，使得將資產所有權從平台歸還給持有者變得可能。稍微學術性的說法，就是在WEB3，人們再次成為數位世界中的資產的擁有者。這是一個重要的發展趨勢。

只不過，其中仍有一些平台設定「無法攜出」的限制。

我曾經在某個NFT交易平台買入NFT藝術品時，不知為什麼無法轉移至自己的錢包，當時我聯絡客服：「是不是平台故障了？」沒想到客服回答：「無法轉移到購買者的錢包。」使我大吃一驚。

並非平台故障，而是原本就設計這樣的結構。明明用的是區塊鏈技術，思維卻仍停留在WEB2.0時代，令我感到十分納悶（這個交易平台後來修改為可以拉進個人的錢包）。

也有其他平台設定買入的NFT無法拉進個人的錢包，甚至購買後立刻出現「要轉賣嗎」的訊息。

簡單一句話來說，這些平台可能認為如果轉賣是主要目的，那麼把NFT留在個人錢包就沒有必要。像我這樣喜歡長期持有而買NFT的人來看，甚至感到有點生氣。

我前面提到人們將再次成為數位資產的所有者。但的確也存在像這樣做WEB3形式的事情，卻喪失WEB3靈魂的人。

提示

38 如何看待他人可瀏覽自己的加密錢包

有關WEB3技術基礎的區塊鏈，我已經多次提及。如同我前面所說的，區塊鏈不可能被竄改交易履歷的特性，使其擁有高度透明與可信賴度。然而，這個特性也意味著「他人可以完全看到個人加密錢包的交易履歷」。

任何人都應該有悄悄刪除過不想被其他人看到的瀏覽足跡，例如網頁瀏覽紀錄、Netflix觀看紀錄等經驗吧？我也曾使用不留下瀏覽紀錄的「無痕模式」。想像一下無法抹去任何瀏覽足跡的情況。或許只是因為某一個瀏覽紀錄，就被任意烙下「沒想到他竟然是這種人」的不名譽印記。

「區塊鏈的透明度很高」雖然對於瀏覽者而言，意味著可以安心，但站在被瀏覽者的立場來思考，可能會在意想不到的地方招來無謂的誤解與批評。

即使因為加密錢包的內容而遭到批評，只要沒有發生問題就不必在意。

然而，當加密經濟圈活動量增加，站在接收薪資者的立場時，錢包是否乾淨（有無可疑的交易）很可能會對工作造成影響。

當然個人隱私問題一定要考量在內，但檢核當事人的加密錢包或交易紀錄，可以說是WEB3評價人物的方式之一。我偶爾也會確認關注的NFT收藏者錢包。

有些人會擁有多個加密錢包，或許就是考量不同場合讓人連結的錢包吧。可以想像有人在網路上使用的暱稱、頭貼、分身，可能也是依不同場合來區分使用。

就像在WEB2.0的世界，很多人使用推特或IG時，會區分為「工作用」與「私人用」，網路的社群空間因應需求使用不同的身分，是比較順理成章的一種做法。

繼續延伸這個話題，今後的WEB3時代，基於聲望（reputation）管理的身分管理可能日益重要。

提示

39 在不同的社群展現不同的自我

「自己」是各種要素的組合。舉例而言，我們可以說，男性的身分、父親的身分、某個社群中心人物的身分、投資家的身分、遊戲玩家的身分……等多重要素匯集而成「自己」。

但是，與完整的自己相關的多個社群，則各自有著不同的來龍去脈。例如父母的社群來自養育子女的背景；投資人的社群來自金融的背景；喜愛龐克搖滾的社群來自龐克搖滾的文化背景。

是否應該依循這些背景，分別建構出自己的聲望？例如把龐克搖滾的氣氛帶到父母社群，尖銳的發言應該會引起不悅吧？不論展現什麼樣的面向都沒關係，但是想要建立良好的關係，就必須符合每個場合的情境，這是在群體生活中理所當然的事情。

元宇宙原本就沒有「一個肉體一個身分」的條件。因此，以多個身分因應不同場合，比在現實世界中簡單。

此一特性也符合前面所談的加密錢包、虛擬化身，以及因應每個不同場合的行為舉止、遣詞用字。以日語的第一人稱為例，應該就很容易理解「在下」、「本人」、「我」、「敝人」表現出的身分各自不同。

此外，也可以做到「把針對某個場合的語境所需的資訊和身分綁在一起」。比方說在某個遊戲場合只提供「遊戲世界的居民」的個人資訊；在投資場合則只提供「投資家」的個人資訊；在婚友聯誼場合則只公開自己作為「潛在伴侶候選人」的個人資訊等等。

反過來說，某個場合不必要的資訊可以隱藏不揭露出來。在某個遊戲的場合，不論角色是大人、小孩、皇族或一般市民，只要是該遊戲的居民，就能在遊戲的世界觀中以成功為目標。關鍵是從現實世界的屬性中解放。

這並不是說完全不管缺點。在這裡想提醒的問題是：我們是否有必要在任何場合，都要展示完全真實的自己。

以現實世界為例，就像是「在區立圖書館借書」這類的事情。申請區立圖書館的借書證時，需要提供的只有「屬於該區居民」的身分，只要出示健保卡等資訊，證明自己屬於該區居民，任何人都可以借書。

可以在作為發行NFT基礎的區塊鏈中，開發出如果想證明類似「屬於該區居民」的特定事項時，不需揭露機密資訊的「零洩密證明」（ZKP，zero-knowledge proof）之技術。換句話說，能夠透過這個技術保證個人資訊的「隱密性」。

像這樣只讓「該場域必要的身分」存在，讓用戶透過NFT進入元宇宙，能更自在也更具多元性。

提示

40 加密經濟圈的聲望管理

目前加密經濟圈發生了令人興趣盎然的現象。

那就是即使在現實世界中聲望很高的人，在加密經濟圈中也可能不被認可。相反的，大型的創投企業可以決定投資化名人物的生意。這是因為不論現實社會中的身分如何，加密經濟圈評價的標準，是你在這個領域的表現和願景。

事實上，無聊猿的四位創作者Gargamel、Gordon Goner、Emperor Tomato Ketchup，以及No Sass，全都是化名，但四位都獲得了高度的評價。

加密經濟圈重視的是「做了什麼貢獻」。在法幣經濟圈的聲望高低對於在加密經濟圈的評價不會造成任何影響。在這樣的現況下，據說關注DAO或NFT生意的人，正拚命努力提高自己在加密經濟圈的評價。

因應不同場域使用不同的身分；依據不同的語境採取不同的言行；只公開該場域必要的資訊；甚至完全無視法幣經濟圈的財力，提高在加密經濟圈的社群貢獻度。這些都是在進行「身分管理」中的聲望管理。

第四章

教育

社會將擺脫學歷至上主義

提示

41 區塊鏈紀錄取代傳統履歷表，忠實呈現個人能力

到了WEB3，學習方式將會如何改變呢？另外，WEB3時代需要什麼樣的教育呢？

首先，可以確定的是，WEB3時代的來臨，將使得在日本長久以來重視的「學歷至上主義」效力漸漸減弱。

這也是因為學經歷可以鉅細靡遺地紀錄在區塊鏈上，而且不可能遭刪除、變更。一旦區塊鏈紀錄取代傳統履歷表，將可以比畢業證書等文件更深入、清楚並且正確地傳達出個人的能力與資質。

屆時不再只是在校研習什麼樣的學問，在校內、校外進行哪些活動？出社會後在哪些社群有貢獻？達到什麼樣的成就等等，隨著WEB3技術在社會的廣泛應用程度，統

整這些履歷來衡量個人能力、資質的時代即將來臨。

此外，上一章提到的「身分管理」中，有關個人「聲望」的管理。基於以往的履歷而形成個人聲望的方式，今後也將產生巨大的變化。

第12個提示介紹的「Henkaku」社群，成員目前也正努力在新時代樹立自己的聲譽。他們自行管理、公開與多重身分有關的事項。包括今後完成哪些任務、社群媒體的關注人數有多少、達成哪些成就、收到多少$Henkaku幣，其他還有參與什麼樣的社群（DAO）、做了什麼、在軟體開發平台GitHub參與哪些專案等等。

由誰指派任務，以及接受任務審核、報酬是否支付等，都是由社群紀錄。因此，可以完全排除個人的主觀或樂觀臆測，形成一個高度客觀的個人檔案。

只要有這麼精準且詳細的個人檔案，履歷表上記載的學經歷，重要性就會降低，不是嗎？

提示

42 WEB3的學習模式有如遊戲闖關

像這樣具體陳述個人能力、資質的檔案，同時也會形成嶄新的學習機會。

以往的教育制度是基本上修完一門課程並取得學分，就算結束該門課程的學習。而且除非是從事專業工作，幾乎沒有在工作上學以致用的機會。學習和工作（賺錢）涇渭分明。

理論上，最理想的狀態是讓「學習」、「工作」、「遊戲」能夠融為一體。因為缺乏「遊戲」成分的「學習」，或是毫無「遊戲」性質的「工作」，往往會令人失去動力或缺乏創造力。現代人的許多問題豈不是就源自這個因素嗎？「遊戲」的重要性，我後面會再說明。

但是在WEB3中，個人學習的知識內容，或是目前正在構思的計畫、創意，可以公開在任何人都能檢視的地方。除了可以因此讓自身的能力、資質受檢驗，也能夠參考借鑒他人的見識，獲得新的學習機會。

不是學完一門課程就此結束，而是將獲得的學識和夥伴相互對照，重新學習，這種方式在ＷＥＢ３中非常普遍。一邊學習新事物，一邊解決課題。有如在遊戲中累積修行（學習）而成長的闖關挑戰。

在「Henkaku」社群中，我們也設計了一套結合遊戲與學習的關卡。只要獲得解決某個課題的必要知識，就能得到$HENKAKU幣作為闖關成功的獎勵。

實際上，也有把學習設計成關卡遊戲的學校。

「school 42」是一所工程師養成學校，最早源於法國，現在遍及世界各地，包括美國和日本。這所學校並沒有教授，只有一個又一個任務挑戰關卡，學生以組隊破關的方式學習。我那就讀大學的外甥也在這間學校學習，據他表示學習得非常開心。

不論學歷、不需學費[24]、school 42的「校門」二十四小時敞開，可以在網路學習的高度自由，沒有學年、畢業等概念。個人的學習以如同大富翁遊戲圖呈現，將個人想學的地方一格一格填滿，「在這個學校學會了這些技術」，當自己覺得足夠時，就抵達終點了。

像這樣從遊戲中獲得啟發，不是傳統的以上對下，由老師單向灌輸知識給學生，而是讓個人自由選擇想學的內容，透過和同伴互助合作學習的型態，這樣的機制正是一切都採分散化（去中心化）的WEB3時代，因而受到注目的原因之一。

---

24 原書註：school 42由贊同理念的企業營運。

提示

43 WEB3帶來的「參與型教育」

隨著WEB1.0、WEB2.0、WEB3的演進，從「讀取」到「寫入」，乃至現在的「參與」，這種能力的增加，不限於在網路上使用，同樣適用於學習層面。

WEB1.0時代，即使不到圖書館借書，也可以透過連接網路獲取各種知識。當然，有些知識可能還是要透過書籍才能獲得，但在學習知識方面，確實增加了一個相當方便的選項。

WEB2.0則新增了「公開書寫內容」的學習形式。人們不再是單向地從書籍、網路吸收知識，也透過自己發布的資訊而引起的雙向討論，能有更深入的學習。

到了WEB3，則是增添了「參與型」的學習選項，簡單來說，就是與他人合作。第一是獲得知識，第二是使用獲得的知識發布出去，最後是藉著第一、第二的經驗，與他人合作創造出新的事物，這種一體化的學習方式，是WEB3時代的特點。

只不過，WEB3的學習需要熱情。如果沒有主動投入某件事，產生想要達成目標的熱情，就無法讓自己採取行動和他人合作去創造某些事。

這是目前日本尤其需要思考的問題之一。

在幼兒教育方面，美國研究機構曾提出一份發人深省的報告。

這份報告指出，以有就讀幼兒園的孩子和沒有就讀幼兒園、自由玩耍的孩子相比，在就讀小學的最初幾年，前者的成績較好。但是，當他們升上三、四年級時，後者的成績則逐漸提升。

有就讀幼兒園的孩子通常很乖巧，能夠聽從老師的指示，並按照老師的要求學習。但是，他們缺乏學習的熱情和內在的動力，不會自主學習。因此，他們在開始上小學的前幾年可以獲得好成績，但逐漸無法跟上。在缺乏內在動力的情況下，他們無法理解為什麼要學習，結果成績開始滑落。

相對地，沒有就讀幼兒園的孩子沒有接受學習課程的經驗，當然無法立即取得好成績。

但是，這些孩子在上小學時充分玩耍，培養對於遊戲的好奇心，孕育任何事都當作遊戲而樂在其中的能力，產生「想多了解一點！想試試看！」的積極態度。

簡單來說，豐富的遊戲體驗能培養產生熱情的能力。對於在這樣的環境中成長的孩子而言，從小學開始的學習，也是如同遊戲般的東西。他們會熱中於「認識新事物很開心」的新鮮體驗。像這樣自然而然地培養學習的內在動力，孩子越能主動學習，就越能提升學業成績。

那麼，身處日本的讀者，該如何解讀這份報告呢[25]？

所有孩子都施行均一化的標準教育、缺乏主動性的學習、無法讓兒童發揮想像力與獨創性的授課風格等，都是日本教育飽受批評的問題。甚至連「教育改革」一詞，都給人陳腔濫調的感覺，而實際上的情況看起來似乎也沒什麼改變。

能夠完美執行指示的聰明人應該有很多吧。但是，願意追隨內心湧現的熱情，不怕被視為「有點奇怪」，能自主學習，並有能力創造出世界上原本不存在的新事物的人，卻極為有限。這難道不是目前所看到的現實嗎？

25 原書註：這份報告講述的幼兒園主要是美國公立幼兒園，以訓練團體生活為目的。並不代表所有幼兒園都有這個傾向。

我撰寫本書之際，日本共有二十九位諾貝爾獎得主。相形之下，光是我曾就讀的美國麻省理工學院就有九十八位諾貝爾獎得主。單純只有聰明無法產生足以獲得諾貝爾獎的劃時代學說或新發明、新發現。這種差距明白顯示出日、美教育的不同。

話雖這麼說，像美國這樣的極端個人主義也有它的問題，我並不認為一切都要學習美國，日本要面對的問題，不是如何讓教育美國化，而是在於如何實現以熱情為出發點的學習。

其中一個解決對策，可以透過WEB3實現。

以下是關於我一位友人的事情。他的兒子才十四歲，已經在參與DAO，並推出了NFT，他經常問我一些諸如「社群要給開發人員報酬時，應該怎麼做」之類的問題。

他出生在WEB1.0時期，屬於數位原生世代（Digital native），已經累積很多在網路「讀取」、利用網路「寫入」的經驗。

因此，他正朝向與人合作，創造新事物的WEB3學習（參與）。在WEB3，先有想做的事，同時正在學習必要的知識。因為在WEB3社群中活動，正是建立在對WEB3技術的熱情和學習的基礎上。

提示

44 區分文組、理組不再有意義

以我長年置身於美國教育現場的角度來看，我認為日本有一些事情很可惜。那就是日本的教育體制並未充分培養能力出色的技術人才，或許更正確的說法是：技術人才在社會上的地位並未確立，因此，許多有能力的技術人才，未能充分發揮能力。

日本教育體制一直把學生分為文科與理科。文科畢業生可以從事多種不同工作職務，理科畢業則往往專注於專門技術職務。逐漸形成了一種上下關係的結構，即「理工科專業人才需要遵循由文科人才提出的計畫進行工作」。

日本的教育體系在戰後高度經濟成長期時，文科與理科的區分確實發揮了很大的功能。理科畢業生從事專門技術職務，製造業的技術專家製造產品，文科人才形成的綜合商社則把產品大量銷售到海外。

然而，當大量生產、大量消費的時代過去，而且出於WEB3時代所有層面今後都朝向分散化（去中心化）發展，不得不重新檢驗日本的教育結構。而根據變化的程度，說日本國力將有極大的改變也不為過。

日本不能只是停留在頭痛醫頭、腳痛醫腳的局部改革，而是必須徹底進行社會鋼骨結構的改造。

昔日只用木材蓋房子，後來才出現水泥或玻璃這些新的建材。但是如果只考慮外觀，沒有理解新建材的特性就貿然採用新建材，即使外觀看起來不同，蓋出來的建築物依然是相同的結構，不是嗎？

理解建築結構是什麼，並結合「水泥是這樣的建材」、「玻璃有這樣的特性」等知識，才會產生「能蓋出有別於以往、不同結構的建築」的點子。當建築從結構改變，城市的規劃與功能也會隨之改變，這才是真正的社會鋼骨結構變革。

現在的日本，看起來就像是完全不了解建材的人，只看到建築外觀，就議論著「今後的建築應該怎麼做」。

在這個科技全盛的時期，竟然是由對科技似懂非懂的人，描繪國家的願景，設定國家的發展目標。在這種情況下，國家願景或目標當然會大大偏離。

若要導正這種不合理現象，能負起部分任務的，是我目前正在投入的千葉工業大學變革中心的工作。

我直到二〇一九年為止擔任總監的ＭＩＴ媒體實驗室，是隸屬於建築與設計學院的研究所，研究重點是整合藝術、科學、設計、工程設計等領域。為此，媒體實驗室進行許多不同的嘗試，例如與哈佛大學法學院的學生聯手，從技術與法律層面思考人工智慧的未來等課題。

千葉工業大學也基於同樣的想法，規劃出整合了法律、經濟與美學的課程讓工程師學習。期盼千葉工業大學有朝一日能培養更多在企業或國家發揮領導才能的人才。

提示

45 解放甘於承包工作的技術人員

本田技研工業（HONDA）創辦人本田宗一郎，有一幅十分有名的照片。照片中是本田手撐著地面，眼前就是飛馳而過的摩托車，他正親自確認引擎聲音有無異常。從照片中可以充分感受到創辦人全心投入的景象。體會到所謂的領導者，並不是把技術完全放手給第一線人員。

另外，SONY成為戰後引領日本革新的企業，其成功與創業者本身是技術人員有著密不可分的關係。這再次證明，對技術有深刻理解的人擁有領導地位是相當重要的。

現在不論國家或企業，都容易陷入「解決主義」的思維模式，對任何問題都採取任務化的方式去解決。然而，今後的時代，真正的創新突破必須擺脫這種思維模式，深入探究問題背後的本質，我們必須學會提問：「從根本來看，為什麼存在這個問題？」

就這一點而言，看起來勇於在ＷＥＢ３挑戰新事物的年輕人，他們會自問：「從根本來看，為什麼現在會處於這樣的狀況？」並運用新技術提出概念。由於對技術有深刻的理解，才能從問題的根本出發，創造出新的價值。

因此，我透過大學教育，無論如何都希望能付諸實踐的是：解放技術人員的價值與可能性。

就如我前面說的，看起來日本的理工人才似乎甘於聽從文科人才指示，並表現出一種「承包方」的姿態。我想這也是因為技術人員已經習慣「以匠人的精神把文科人想像的東西製造出來」。

精通技術的人具有美學觀念而進行創造，能製造出有趣的東西。破壞「具有想像力的文科，將想像具體化的理科」這個結構，日本若能成為更加認同技術人員價值的國家，讓技術人員在更廣闊的領域發揮能力的社會，日本的國力必定會更加壯大。

證券公司等日本企業，通常幾乎都把技術相關工作外包給ＩＴ企業，但在美國企業中，技術人員占員工總數的一半則是司空見慣的事情。在某些企業中，甚至連許多高層管理人員也是工程師出身。

我認為，日本也應該納入這樣的做法。為了達到這個目標，首先必須從釋放技術人員開始，讓技術人員得到充分發揮能力和參與的機會，而不是被限制在某個特定的角色或職責中。

另一方面，我們也需要從文化、社會學層面來理解科技。

文科人士不能只是對科技一知半解，而必須學習區塊鏈，思考DAO及NFT的潛力，希望文科人士，能夠運用對文科知識的理解力，與科技更親近。

此外，還有很多新媒體藝術家將科技與藝術融合。似乎有不少街頭藝術家對科技很感興趣。期望這些人能夠相互影響，彼此形成刺激，促進今後日本文科與理科真正的融合。

提示

46 目標導向與創意自信，是WEB3的學習概念

我曾和當時身分是數位政務委員的台灣官員唐鳳交流過。唐鳳對於WEB3的即時性有非常深入的了解，認為今後需要集中心力投注的，是從「目的」出發來學習，也就是「目標導向學習」（PBL，Purpose Based Learning）。

PBL最初是指「任務導向學習」（Project Based Learning），也就是思考為了達成任務需要什麼，從而進行學習的概念。而唐鳳所說的「目標導向學習」，則是在任務之前應有一個明確的目標。

例如，先有「要生活在空氣清新的環境」、「有清潔的水可以飲用」的目標，然後再根據這個目標，思考需要什麼知識才能達成。接著啟動任務，學習必要的知識。唐鳳本人向來也是在一個遠大目標下，推動許多傑出的政策，「目標導向學習」是一個非常

出色的概念。

「任務導向學習」則是把什麼作為任務的起點，能否提高孩子的學習意願作為課題。因此必須理解孩子本身的興趣關心或嗜好，以此為出發點來擬定任務的方法。

另一方面，「目標導向學習」，則是先有一個「希望對社會有貢獻」的大目標。接著，在大目標下形成各式各樣的任務，和志同道合的同伴一起學習必要的知識，最後設法實現目標。從目標產生熱情，形成學習的原動力。這樣的學習過程，完全吻合本書說明的WEB3時代的DAO概念。

這令我想起還在WEB 1.0時期之際，我在中學演講時，時常有人提出一個問題。

「網際網路對我們有什麼幫助？」

我對這個問題的回答是：「你對什麼感興趣呢？如果沒有特別感興趣的東西，網際網路就對你沒幫助。」

換句話說，網路是獲得知識與資訊的新方法，對於無心獲得知識或資訊的人來說是無用的累贅。我想告訴對方的是：「是否有幫助的答案不在科技本身，而是在自己身上。」

ＷＥＢ3也完全適用同樣的說法。ＷＥＢ3是劃時代的科技，但就如同本書一再提及，科技是工具，功能依使用者的目標而產生極大的變化。倘若原本就沒有抱著任何目的，那麼ＷＥＢ3就和ＷＥＢ1.0一樣，只是無用的累贅。

思考這類事情時，讓我更加深刻體會唐鳳所說的「目標導向學習」。若是自己的內心懷抱「對社會有貢獻」的遠大目標，ＷＥＢ3的技術就能大大派上用場，打造出一個更美好的社會。

話雖這麼說，懷抱一個這麼遠大的目標，說起來容易，實踐或許不那麼簡單。因此，另一個對今後教育發展的重要概念是「創意自信」（creative confidence）[26]。如果從小就老是遭到否定，形成「我是個沒用的人」這樣的自我意識，就難有天馬行空的創意思考。

這麼一來，即使有意見或創意，也無法充滿自信地表現出來。很可能成為一個欠缺

26 原書註：這個概念出自《創意自信帶來力量》（*Creative Confidence: Unleashing the Creative Potential Within Us All*），由湯姆・凱利、大衛・凱利（David Kelley, Tom Kelley）合著。

「創意自信」，只會遵從上級下指示，卻欠缺想像力的人，

在以WEB3時代的DAO為代表的分散化（去中心化）社會中，主動表示「這件事我辦得到！」、「像這樣的話怎麼樣呢？」的積極參與態度是必要的。缺乏創意自信的人要在這樣的社會大展身手想必有困難。

創意自信可以從周遭人事物所給予的支持來養成。

前面提到的池上英子所研究的神經多樣性觀點也包含在內。每個具有不同個性的人都能神采奕奕地活得像自己，作為社群的成員去努力，我想也是必要的。

提示

47 培養具有WEB3精神的企業家資質

就如同我在序章說過，二〇二二年是WEB3元年，這個嶄新的科技局面才剛揭開序幕。

不論是DAO、NFT或元宇宙，現今仍有許多透過科技創新可能實現的點子不斷湧現。

儘管仍有課題尚待解決，但基礎已經建置完成，接下來就看如何發揮創意。這也令我再次想起日本所面臨的困難，在於培養提出創意並能夠推動實現的能力，以及具備企業家資質。

例如DAO最有趣的地方，是沒有股東、經營者、雇員的明確劃分，是所有使用者一起推動專案。這是因為使用者共同營運的事務已經完全可以DAO化，我們可以把它想成是一種基於極端平等及分散決策權來運作的模式。

舉個實例來說，改變以往「人力公司居間撮合，並從中收取高比率仲介費」的結構，成立自由工作者承攬工作的網絡DAO化的社群等，目前已經出現這類頗有意思的嘗試。

即使就NFT來說，若是從「非金錢的價值」、「長期性的價值」將NFT視為資產來處理，一下子把許多東西NFT化的可能性將大為擴展。其中一個絕佳的案例，就是我前面說過的演唱會入場券NFT化。

此外，我們還可以預見，透過DAO及NFT，未來的地方自治體，甚至一國的治理，都可能朝向更分散（非中央集權）、更民主的趨勢改變。

接著是元宇宙。或許很多人一聽到可以超越時空限制與他人交流，並且能在其中進行物品與金錢（虛擬貨幣）交易，覺得這就是近未來的寫照。

遊戲玩家很容易接受虛擬實境，如果因此就武斷地認為「只和遊戲玩家有關」，那就十分可惜。若是因為經由元宇宙能夠不受身體或個人身分、職業等條件限制，從而獲得力量，並將其應用於現實世界，那麼，利用元宇宙的創意想法將源源不斷地湧現。

如果每個人都能各隨己意交流創意，並為了實現創意而付諸行動，日本社會一定也能邁向ＷＥＢ3化。但另一種可能，則是多數人並不期望分散化（去中心化），結果最後還是選擇委任較大的平台。

現階段也有幾個平台發表它們打造了獨自的區塊鏈，如果在這樣的平台架構網絡，就無法攜出到其他平台。即使技術層面使用區塊鏈，卻完全失去ＷＥＢ3的精神。但日本人並不是不可能選擇這樣的形式。

就我個人而言，由於感受到ＷＥＢ3分散化（去中心化）這一特點的重大意義與可能性，所以我希望能選擇不論技術或精神都ＷＥＢ3化的未來。

因此，培育真正的企業家精神不可或缺，而是否能順利培育，我認為重要關鍵就在我前面所說的purpose（目的）、passion（熱情）與創意自信（creative confidence）。

第五章

民主制度

實現嶄新的直接民主制

提示

48 WEB3加速治理民主化

日本新潟縣長岡市的山古志村現在是一個村民只有八百人左右的地區。如果提到二〇〇四年發生的中越地震，有將近兩千兩百位村民不得不全部撤離避難，而想起這個村子的人應該很多吧？

山古志村為了重振村落的活力，在二〇二一年十二月，推動一項振興策略。把愛好者分布全球各地的山古志特產：錦鯉，透過數位藝術轉化為NFT並發行販售，購買者能成為山古志的「數位村民」。這是全世界首度嘗試的做法。

山古志村發行「數位居留權憑證」給數位村民。持有憑證者可以參與振興村落的會議，及「數位村民選舉」投票。山古志村目前販售過兩次NFT，數位村民的人數已超過實際的村民人數。

將NFT作為數位村民的憑證，也可以參加村落的治理，並且直到二〇二二年三月之際都無人轉賣，可以說是把NFT非金錢且具有長期價值的特性，發揮到淋漓盡致的一項出色嘗試。

這種類似WEB3的嘗試顯示出：今後如果在政府機構也能廣泛運用WEB3，就有加速民主化治理的可能性。

現行的代議制度是由選民選出代議士，再由代議士在議會討論而決定政策，也就是間接民主制。

但是WEB3的最大特徵則是分散化（去中心化）。我在第一章曾說明，在DAO型態的組織中，工作的方式採分散化機制。以完全相同的機制來看，從中央集權的政府轉移為分散化（去中心化）的政府是有可能的。

代議制的問題在於，「議員代表選民發聲並負起行政職責」的精神失去實質意義，而且實際上也無法排除民選代議士的決策背離民意的可能性。

比方說日本國民繳納的年金，是由日本政府委託GPIF[27]投資運用，但實際上究竟進行了哪些投資呢？

有可能投資在那些採取與公司員工利益相反決策的企業。試想：從公司員工那裡收集的資金（年金），被用於支持對公司員工而言絕對無法接受的企業。如果是這樣的話，對於公司員工來說，他們可能會覺得很反感。

如果大多數支付年金的人是公司員工的話，那就意味著做出了違背選民意願的決策。然而，我們無法參與GPIF的決定。

因此，請考慮一下，如果年金運作機構GPIF一旦DAO化，會是什麼樣的情況呢？

決定年金投資標的的過程，立刻轉變為直接民主決策。只要參與年金運作的DAO，並購買「年金運作DAO」的治理代幣，你就可以表達對年金投資的意見。僅憑現金無法參與治理，但如果有代幣，就可以讓自己擁有的資產（例如繳納的年金），朝自己期望的方向運作。

代議制一定得全權委託議員。相反的，如果採取WEB3技術進行改革，會形成什麼樣的系統呢？

比方說，根據不同議題成立專案小組，讓所有擁有投票權的人都能參與治理，如此一來，應該會產生更能反映國民心聲的政策。

以山古志村的案例來說，持有NFT的數位村民，可以親自出席振興地方的專案會議。這意味著行政工作不再由村議會的議員代表決定，而是由數位村民直接參與決策。

山古志村還將「故鄉稅」[28]也DAO化，透過DAO全體成員決定如何運用來自日本各地的捐款。今後，這種模式可能會越來越常見。

另外，像智慧型手機應用程式中，現金支付時產生的點數，在使用數位化地區通貨[29]的地方，實際上也可以視為治理代幣。從嚴格的定義來看，這還不是WEB3，但未來可能會發展成為讓居民直接參與地方行政決策的WEB3應用。

像這樣的嘗試，首先在市、町、村順利推動後，再擴大到都、道、府、縣[30]，甚至

---

27 原書註：Government Pension Investment Fund，日本政府退休投資基金。

28 譯者註：故鄉稅，日本政府於二〇〇八年推出的稅制，納稅人可以選擇捐款給想支援的地方政府，除了可扣抵所得稅額，也有助於振興地方經濟來平衡鄉鎮跟大城市的稅收差距。

29 譯者註：地區通貨是為了繁榮地方經濟所發行，將大部分的消費支出與零售商供應鏈，續留在當地，法律地位與抵用券類似。例如高雄幣。高雄市民可以透過參與實體或虛擬的活動獲得市政府發行的「高雄幣」，並兌換各項贈品。

遍及全國，絕對不會只是痴人說夢。

若是超越只有一部分人使用，多數國民都參與WEB3的話，社會確實會改變。雖然現階段結構仍有不成熟的部分，但我相信在各個領域中，治理方式的民主化有很大的加速潛力。

30譯者註：市、町、村、都、道、府、縣為日本的地方行政區劃分方式。

提示

49 避免掉入眾愚政治的陷阱

不過，在邁向治理民主化時，也有可能出現其他問題。

因為治理的透明化，群眾意見主導下的決策很可能產生「眾愚」而非「眾智」的結果。

即使所有資訊都公開透明，但投票者若是無法理解資訊代表的意義，就無法在投票之際做出真正合適的判斷。投票者當中有些人只看表面，有些人則容易受到周圍意見左右。因此，不論大小事都採多數決投票決定的話，很可能演變成民粹主義。

所以，最重要的是確保資訊公開透明與預防眾愚政治之間的平衡。

比方說把投票權委任給具專業知識且值得信賴的成員，就是一個解決對策。雖然這麼做是把決策權委託給他人，但至少能直接傳達自己的想法，比目前的代議制保有公開透明的特性。

此外，正在討論的做法，還包括在DAO中建立一個由專家組成的subDAO，讓專家盡可能在subDAO執行重要決策。

這將使得WEB3在治理上比過去更加公開透明。但僅僅實現透明度並不足夠，過度的理想主義可能無法實現預期成效。上一節我曾談過代議制的弊病，原本代議制為了更審慎考量決策，所以比直接民主制需要耗費更多時間與精力。因此，在某個程度上結合代議制度採取折衷辦法，或許就能截長補短，實現更理想的WEB3形式治理。

另外，透過治理型代幣，「投票權的強弱」也有各種不同的決定方式。比方說如果直接依照出資額度而分配的治理型代幣當作「投票權的強弱」，就會形成「錢出得多的人更容易投票表決通過他們的意見」，這樣的方式並不公平。

因此，可以採取依照對社群貢獻度高低或參與時間長短來決定投票權力。

WEB3就像這樣，正在進行過去的世界所無法做到的偉大治理實驗。我的一位朋友，世界首屈一指的憲法學家之一勞倫斯・雷席格（Lawrence Lessig）也曾說過，這正是WEB3最令人感興趣的部分。

提示

50 社會對加密經濟圈的看法

對於越來越廣為人知，備受注目的WEB3，目前的社會又是什麼樣的反應呢？

或許多數的人，一方面帶著「很可疑」、「風險很大」的疑慮，一方面帶著「好像很有意思」、「似乎很有幫助」的期待在觀望WEB3。就目前看來，日本國內似乎還沒什麼反對的傾向。

但是，WEB3逐漸普及，加密經濟這個新經濟圈越來越受關注，影響力也日益增強時，法幣經濟圈也可能增強了危機意識。因此，法幣經濟圈或許會從中央開始加強管制措施。實際上，目前加強穩定幣監管的腳步正在加速，使其更接近法定貨幣的功能。

特別是在法幣經濟圈非常穩固的國家，對於加密經濟的警戒心更加強烈。堅若磐石般的法幣經濟圈「想守住的事物」實在太多了，例如強勢的貨幣、有力的中央銀行、強勢的政府、強大的大型企業、穩固的現有產業。

如何規範加密經濟？或是不予以規範？世界各國在這方面顯然也遇到許多困難。總之因為是新型態的經濟圈，目前仍處於從錯誤中學習的階段。

以中國來說，二〇二一年九月，率先發行數位人民幣（E-CNY），全面禁止加密資產的相關服務，因而使得大量加密資產一口氣流入去中心化金融（DeFi）。強硬的監管反而加劇加密資產的擴大。

在歐洲方面，當德國發表將針對加密資產課以重稅時，立刻導致加密貨幣投資者將其資產轉移至避稅天堂葡萄牙。然而，由於國際移民數量大幅增加，促使葡萄牙也在二〇二二年提出加強課稅的法案。美國也對加密資產採取課徵重稅的措施。使得人們紛紛逃向稅制較為優惠的新加坡、開曼群島。為了逃避重稅，形成加密貨幣金流在全球各地四處流動的現象。

在政治局勢不穩定的國家；或是沒有特別強大的產業，國家本身貨幣的競爭力也較弱的國家，也就是原本法幣經濟圈就脆弱的國家，加密貨幣普及速度往往更快，因為他們認為這是找到出路和生存的唯一方法。

以實際的情況來看，目前的DeFi採用率順位，相對於日本的敬陪末座，新興國家多數位居前段班。越是擔心本國經濟的國家，越容易受到加密經濟的魅力吸引。

那麼，像日本這樣法幣經濟穩固的國家，加密經濟是否就會在發展有限的範圍內畫下句點呢？

先說結論，答案是否定的。不論法幣經濟圈的危機感有多高，只要多數人都需求加密經濟，這股趨勢擋都擋不住。

提示

51 持續升溫的加密經濟

WEB1.0當初興起時，也有人宣稱網際網路違法的問題，而試圖採取抵制的行動。但是，沒多久就因為網際網路逐漸普及，這樣的抵制就自然消失了。「有網路的生活」成為既定現實時，再也不可能排除網路，就連原本反對的人，也開始理所當然地使用網路。

另外想補充說明的是，網路並非總是保持連線，有時候會斷線。在網路發展初期，大眾雖然一開始難以接受網路連線不穩定，但後來也普遍能接受這種情況。

對於加密經濟，社會大眾或許也會依循類似的方式慢慢熟悉吧？

例如去中心化金融（DeFi），如果只是稍加說明概念，我想社會大眾應該很難確實理解它。

因此，難免會對ＤｅＦｉ投以「可疑」、「似乎很危險」的目光，但其實只要稍微理解一下，就會知道功能相當完備、也很穩定、適合有需要的人使用，只要留意最低限度的注意事項，就不至於發生問題。

當大多數人都有過這樣的體驗，「在ＤｅＦｉ運用資產的生活」形成既成事實，就會和ＷＥＢ1.0一樣，ＤｅＦｉ不可能遭到抵制。

話說回來，ＤｅＦｉ原本就屬於自律性運轉的系統，即使想加以監管，也不存在「事業的主體」。現在仍然無法以法律定義ＤｅＦｉ的真正性質。如果打算徹底監管加密經濟，就必須中斷網路及區塊鏈，究竟要花多少成本，或者說是否有辦法中斷都是問題。

加密經濟無視於法幣經濟所面對的窘境，一腳跨越國家的框架，已經邁入國際化的階段。

這也代表有這麼多人感受到加密經濟的魅力，保守勢力想要與其對抗並加以擊潰，應該相當不合理吧。今後若能制定必要的法令規範，加密經濟應當能更快速普及。

提示

52 加密經濟的風險

加密經濟有許多獨特的優勢，但也存在風險。而且，隨著加密經濟圈的擴大，中央銀行可能失去控制經濟局勢的能力。簡單說，可能必須直接面對經濟韌性的問題。

然而，不論加密經濟的監管再怎麼困難，都不可能放任它成為法外之地，當然有必要採取資訊安全措施。

勒索軟體（惡意軟體的一種）可說是因為加密資產而興起的犯罪手法。只不過，正因為容易發生這類的犯罪，所以警察機關因應伺服器犯罪的能力也日益強化，但犯罪手法也跟著翻新。未來隨著加密經濟普及，惡意行為必定也會更惡質，所以我們依然必須提高警覺，不遺餘力地加以防範，如此才能降低受害程度。

近年來的案例，有二〇二一年美國輸送石油、天然氣等燃料的公司 Colonial Pipeline，遭到大規模的勒索軟體攻擊，經美國聯邦調查局調查，成功追回一半贖金，相當於六三・七個比特幣（市值二百三十萬美元）。

反過來說，也有可能因為加密經濟而抑制犯罪的可能性。例如法幣圈的金融機構無法防範所有的洗錢犯罪，但虛擬貨幣由於具備高度的交易透明度，因此似乎有許多方法可用來對付洗錢等隱瞞獲利來源、持有人，遊走灰色地帶，巧妙地鑽過法律漏洞等金融犯罪手段。

當然，相較於帶著裝滿鈔票的手提箱到處走，透過加密資產洗錢就物理條件來看似乎更簡單。雖然更簡單，卻也更容易循線追查「是誰做的」，容易逮捕犯人。因此就結果而言，加密資產的洗錢犯罪應該會減少吧？

因此，加密經濟短期來看似乎容易衍生大大小小的犯罪行為及受害者，但就中長期來看，只要資安措施更加周延，應該就會更安全。

當然，也不能不時常注意如何讓資安層級更加提升。

另外，或許也有人擔心會不會有哪些國家心存邪念將虛擬貨幣用在不當的地方。以現況來說，虛擬貨幣的規模，還沒有大到足以支應國家預算。不過，當全球的虛擬貨幣越來越普及，支付量也明顯增加時，獨裁國家確實有可能將虛擬貨幣運用在國家的戰略中。以中美洲的薩爾瓦多來說，現在就已把比特幣視為法定貨幣[31]。

話雖這麼說，就如同前面的說明，原本要利用虛擬貨幣來洗錢就很困難，更別說一旦虛擬貨幣更普及時，資安必然也更加完備。與防範網路犯罪一樣，我們需要在獨裁者實際開始不當運用虛擬貨幣之前，就建立足夠的資安防禦力。

另外，如果獨裁國家真的要動用虛擬貨幣時，那麼凍結獨裁者資產，或國際結算系統SWIFT祭出經濟制裁的效果將會減弱。也可以說虛擬貨幣超越國家的框架，無法置於國家的管轄底下，將成為國際金融體制一個極大的漏洞。

31 譯者註：二〇二一年九月薩爾瓦多總統宣布將比特幣作為國家法定貨幣，與美元一起在該國市場上流通。

提示

53 運用WEB3來實現更好的目標

此外，我們也不能忽略，在加密經濟中很可能會出現新的支配者。原本使用者往加密經濟移動，是意欲脫離中心化的法幣經濟，但移動之後卻出現新的中心化管理，結果有可能只是從「舊支配者」移到「新支配者」。究竟是會演變成上述的情況，還是透過WEB3所具備的真正價值分散化（去中心化），來推動國家治理和金融的民主化，實現網路原本所勾勒的理想圖，現在依然未知。

但可以確定的是，無論走向哪一個未來，局勢都會往多數人期望的方向發展。如果多數人希望運用WEB3的特性分散化（去中心化）來實踐更好的目標，那麼建立這樣的社會可能性就會更高。

這麼一來，人們就不能再只是消極地等待「究竟科技會為我帶來什麼用處」，而必須積極地參與，思考「運用科技能做些什麼」。

不過，這可能是多數日本人所不擅長的。因此，對日本人而言，首先需要改變的是思維，而這也和提高科技素養有關。

透過學習WEB3技術並實際運用，可以孕育出良好的文化。無論如何，所有人遲早都必須面對加密經濟的普及。為了將其引導至社會所期待的方向，最好的方法是讓那些對社會懷抱正向目標的人盡早熟悉掌握WEB3的相關知識。

懷抱積極心態往正確的方向前進。我認為WEB3的先行者具有讓這樣的文化扎根的責任。

提示

54 從DAO找到環境問題的解方

當談到對社會有益的目標時，您首先會想到哪些內容？

我想可能會有很多不同的答案，不過，環境議題無疑是人類共同面臨的挑戰。因此，我認為「解決環境問題」就是對社會有益的目標。

懷抱正向的目標使用科技，社會就會朝良好的方向轉變，事實上，在WEB3的氛圍中，可以感受到聚集了一群祈願社會更好的人。這或許是因為WEB3的本質就是分散化（去中心化）和民主的關係吧。

環境問題在WEB3中也絕非只是華麗的表面文章，而是被視為必須認真應對的重要議題。為此，有一些DAO正在積極行動中，顯示藉由WEB3解決環境問題的未來已經展開。

例如，環境問題中造成溫室效應的碳排放是一個很嚴重的問題，雖然國與國之間致力協商，效果始終有限，但若將日光轉向WEB3，已可看到許多發揮創意，為了減碳而創建的DAO。

例如只要以步行來移動就能獲得代幣獎勵的DAO。這是一個鼓勵用戶不要使用汽車等排碳的交通工具，對抑制地球暖化做出貢獻，透過發放獎勵的代幣而創建的簡單DAO。

我還注意到另一個DAO，是買進其他DAO代幣化的碳權（Carbon Credit），再放入「Treasury」（有如DAO金庫）保管。

這個DAO買進的碳權越多，碳交易市場的碳排放權就越少，由於供需平衡造成碳權的價格上揚。

這麼一來，相較於購買價格高漲的碳權，企業致力於降低碳排的成本更低，因而達到抑制地球暖化的效果。

此外，當碳權的市場價格上揚，囤積碳權代幣的DAO價值也跟著上揚，因此最終參加這個DAO，環保意識高的人就能獲利。

傳統上，買進碳權的做法，經常被批判為：差別只在於是哪一家企業排放二氧化碳，整體而言並未真正減少碳排。

但這個DAO則是藉由抑制碳權的市場流通量，設法讓企業從「購買碳權取得排碳權利」轉為「減少碳排」。可說是以創意取勝的值得深思的實例。

環境問題涉及多種利益和權益，即使國際社會全力合作解決，也很難團結一致。但要從上而下強行推動也有困難。相形之下，如同前面所舉的例子，由下而上，透過民間的草根運動或許更為迅速。想要達成重大成果，未必需要透過大型組織（如政府、企業）才能成功。

在此雖然無法完全列舉，但還有很多致力於減碳的DAO，也都提出了非常有趣的想法，並且確實展現成果。這表示以往只有政府或大企業能夠參與的領域，現在一般市民也能參與。就這個意義來說，WEB3時代應用在解決環境問題也大有可為。

提示

55 成爲能享受WEB3利益的人

定睛凝視WEB3時代，我現在正努力扮演橋梁的角色。

首先，我扮演銜接上下的橋梁。現在的日本政府缺乏深刻理解科技的人才；另一方面，現在已有很多知識豐富、在WEB3領域活躍的人士。我因為和這兩個領域的人都有接觸，所以希望能扮演「有國家政策權限但對科技較為陌生」，與「對科技知識豐富但沒有國家政策權限」這兩派人士之間的橋梁。

此外，則是扮演新舊之間的橋梁。現在活躍在WEB3最前線的人，對於擅長WEB2.0開始到現在的人有一點不信任；而WEB2.0時代的人，也對突然竄升的WEB3投以懷疑的目光。若是能突破兩者間認知的斷層，讓兩者攜手前進，WEB3應當能產生更大的文化與社會進展。

過去我關注的事務與ＷＥＢ1.0、ＷＥＢ2.0和網際網路都有深切的關聯，因此更希望透過自身的活動和ＷＥＢ3的年輕一代產生連結，擔任起橋梁的任務。

一面搭建這樣的橋梁，並以ＷＥＢ3事業為立足點投入資金，在較有社會影響力的媒體發布有關ＷＥＢ3的消息，介紹有趣的ＤＡＯ、ＮＦＴ等，以各種不同方式對於推動ＷＥＢ3普及做出貢獻。

同時，我不太希望發出太多負面的消息，但仍有必要提醒今後要進入或剛加入ＷＥＢ3的人注意分辨，「所謂的ＷＥＢ3是這樣的東西」，或「這樣的東西不是ＷＥＢ3」這類的訊息。

例如有些雖然使用ＷＥＢ3的技術，但其實是意圖將使用者圈入自己平台的「偽ＷＥＢ3」。如果使用者因而被套住了，ＷＥＢ3難能可貴的優點也因而大減。

我覺得日本人對於自身權利有時不夠敏銳，往往帶著「怎麼做才是上策，你看著辦吧」的心理，不提出細節而全部「交由對方處理」。不論是壽司還是天婦羅，日本最奢侈的點餐方式是「交由主廚處理」吧？就這一點來看，和不論是肉要烤幾分熟、奶油的鹹度都要一一指定的美國人有很大的差異。

因此，即使遇到「偽WEB3」，也不抗議「為什麼所買的NFT無法拉進自己的錢包！」，而是默默地隱忍，我擔心這類情況可能會層出不窮。為了不要讓一知半解的人以為WEB3本來就這樣，我希望可以擔任指引的角色。

在被稱為「WEB3元年」的二〇二二年開始的數年間，很可能會是正牌WEB3與偽WEB3的分歧點。如果具備足夠的素養，就能立刻發現不對勁的地方。為了享受WEB3的好處，自己也多方查詢，稍微體驗看看，才是擺脫「任由對方處理」心態的最佳方法。

提示

56 參與WEB3的第一步

接下來對於初次體驗WEB3的人，提供幾個開始嘗試的建議。正如我前面一再提醒的，WEB3並不是零風險的世界，請務必注意以下的提醒，有助於體驗WEB3這個有趣的世界。

首先，不論在WEB3做什麼都需要代幣，所以一開始必須先申請存放代幣的「錢包」，以及把法定貨幣（例如日圓）轉換為加密資產（例如以太幣）的「加密資產交易所帳號」。這樣一開始的準備就完成了。

順便一提，二〇二二年三月，小狐狸（MetaMask）這款最廣泛使用的以太坊加密貨幣錢包，已能對應蘋果公司的行動支付和電子錢包服務Apple Pay。所以，只要申請小狐狸錢包，就能更輕鬆將日圓轉換成以太幣。

有了錢包和加密資產交易所的帳號，一開始最簡單的體驗是購買NFT。先透過OpenSea等主流交易平台所發行的NFT，試著購買喜愛的NFT。

只不過，NFT的仿冒品詐騙，或是不小心點擊了空投到錢包的詐騙NFT，而使得存在錢包裡的NFT慘遭盜光的「加密經濟型強迫中獎詐欺」，都時常發生，所以一定要格外注意。

我整理了幾個希望NFT的新手，務必注意的重點，期望能夠在購買NFT時謹記以下事項。

- 先以「最糟的情況下，損失也無所謂的金額」開始投資。
- 建議「因為喜歡才買」，總之要能樂在其中。
- 錢包就代表「你本身」，要建立讓其他人看到錢包內容也沒關係的心態。
- 在社群網站追蹤和自己使用相同NFT頭貼的人。
- 加入所購買的NFT的社群。

所謂投資一定有風險，NFT同樣有賺有賠，以下「應注意重點」也牢記在心，相信就能愉快地投入NFT。

- 不要因為「NFT能大賺特賺」所以購買。
- 不要一再「短期轉賣」NFT藝術品。
- 不要輕易接收社群網站裡陌生人傳來的私訊。
- 不要委託他人「管理錢包」或「判斷選購哪個NFT」。
- NFT基本上是國際性的，不要「因為使用英文」就敬而遠之。

先從購買NFT著手，接著想再更深入了解的話，希望你也能體驗DAO，只不過，參與時間較短的人要對社群營運有貢獻，可能門檻較高。由於基本語言是英文，也容易產生言語的障礙。

因此，我建議不妨先觀摩感興趣的DAO，看看成員都交談哪些內容，實際上以什麼方式在運作專案。

能夠瀏覽全球各種加密貨幣市值的「CoinMarketCap」（CMC）網站，幾乎登載了所有發行、上市的加密貨幣。

此外，如果你使用英語，以「關心的議題＋DAO」為關鍵字來搜尋，例如「環境問題DAO」，可能會找到一些令你感興趣的DAO。

找到你感興趣的DAO以後，不妨先閱讀「白皮書」（white paper）。白皮書就像投資信託時的公開上市說明書，當中說明了該DAO基於什麼理念？為了什麼目的而成立？具有什麼功能？或是參加者該做什麼等等。

多數DAO都使用網路即時聊天軟體Discord。DAO網站會介紹他們自己的專案主旨，並召募成員。通常也會設置「加入我們的社群」（Join our community）之類的「入口」，用來連結到該社群的Discord頻道。

Discord採免費下載登錄的形式，只要按照網站的說明操作，就能加入Discord裡的社群。可能剛使用時會十分驚訝竟然有那麼多討論區，只要仔細閱讀，應該就能看出這些人究竟在做什麼吧？

今後，不光是碳抵換，從各種不同角度致力於環境問題的DAO，或是創造時尚物品為元宇宙增添色彩的DAO等，五花八門的DAO也將出現吧？

例如提供NFT遊戲的開發公司經營針對玩家的DAO等，很多都可以免費加入

Discord等社群。

其中也有日本的開發公司經營的DAO。所謂百聞不如一見，試著參加社群，光是看上面討論區的對談，應該也很有意思。

只不過，據說也有人在DAO中傳訊息「我想高價買下你的NFT」。這類盜取NFT或加密資產的「竊取身分」詐欺師，請務必小心。

此外，以上說明的內容都只不過是有關加密經濟或WEB3的基礎資訊，目的絕不是要你投資這些項目，也不是以推薦特定加密貨幣為目的。

加密經濟的投資與買賣風險極高。若是想嘗試投資，務必先多聽專家意見再參加。最終的投資決定都要靠個人謹慎判斷。

第六章

面對劇變的未來，日本如何因應？

提示

57 WEB3開啓日本經濟再生的突破管道

科技為時代帶來嶄新、巨大的變化，要讓日本社會往更好的方向前進，究竟該怎麼做？最後一章，一起來探討我們所能做的努力。

在WEB2.0時代，個人的網絡和Google、Facebook這些平台綁在一起，照理說是屬於自己的東西，卻無法自由處置。可以說，若是WEB3普及，日本就可以把掌控在海外巨大企業手上的所有物（用詞更強烈的話，可以說是被搾取的東西），奪回日本手中。

對於GAFA所代表的破壞性全球企業，一直都有人發出警告，指出「世界受部分私人企業掌控」。WEB3普及化，就「從支配性企業得到解放」這點來看，可以說是邁向民主化。

那麼，在日本又是如何呢？在被稱為「WEB3元年」的二〇二二年之前，在一些對科技較為了解的人之間，WEB3、NFT、元宇宙也受到關注和熱烈討論。

人們帶著個別的目的與熱情，有些人建立了DAO，貢獻心力給自己關注議題的DAO；在去中心化金融DeFi進行資產運用；或是購買、玩賞NFT藝術作品，或自行推出NFT藝術作品，在元宇宙中與世界各地的人交流等。

專注於加密經濟的創投公司也開始積極投入資金，並促使WEB3商業生態系統持續擴張。

然而，WEB3的世界目前仍然僅限於少數人。WEB3技術從個人的工作方式到地方的治理，甚至一國的治理方法都能徹底顛覆，讓人們更加自由與民主，可惜WEB3目前甚至還談不上踏入普及化的門檻。

如果日本人真的渴望WEB3技術，我認為全國都必須採取行動，而不是讓WEB3成為少數科技狂熱者與領頭羊的專屬領域。雖然WEB3是文化性、社會性的運動，但要達到普及，需要國民的理解與推動。

ＷＥＢ３技術在美國比日本更早普及，政治家也熱心學習以掌握社會潮流。但其中仍分為強烈反對與熱烈歡迎兩派。美國民主黨的拜登總統對ＷＥＢ３抱持懷疑態度，但在二〇二二年三月簽署了「美國政府應全面正視數位資產之發展」的行政命令[32]。

有別於普遍接受度高的ＷＥＢ1.0和ＷＥＢ2.0，ＷＥＢ３處理的是加密資產，和金錢相關的因素過於龐大，因而形成不是強烈歡迎，就是強烈警戒這種涇渭分明的狀況。

一邊認為「說不定有機會賺大錢」而大表贊同；一邊則認為「只需點一個連結，財產可能就被騙光」而表示反對。這應該也是導致美國議員意見分歧的主因吧。

我在第50個提示談到過，越是法幣經濟堅若磐石的國家，對於加密經濟的警戒心有越強烈的傾向。在具有穩固的法定貨幣經濟體中，中央銀行、信用卡公司、大企業等對國家具有強大的影響力，國家也傾向站在保護的立場。

經濟體系中不同立場彼此間的相互作用果真會發生嗎？要是政府採取強硬的監管措施，日本的ＷＥＢ３發展很有可能半途夭折。

從最近的氛圍來看，相較於美國，日本的政治家並沒有出現激烈反彈。但也並不表示有人採取積極的態度，看起來只是單純因為日本政治家科技素養不足，對ＷＥＢ３還很陌生，因而採取壁上觀的態度。二〇一四年Mt.Gox虛擬貨幣交易所遭駭客攻擊，損失85萬枚比特幣事件，以及二〇一八年同樣是遭駭客攻擊的Coincheck虛擬貨幣交易所，被竊走5.3億美元加密貨幣事件，因而使不少政治家對加密資產始終抱著負面印象。

的確，發生這些事件，難免讓多數人持觀望的態度。

即使如此，日本仍出現熱烈關注WEB3的政治家，尤其是執政黨議員，積極學習WEB3知識的人也增加了。

長期停滯的經濟依然看不見好轉的曙光，震天價響的「成長策略」也沒有顯現值得一提的成果，就在覺得用盡千方百計都無可奈何時，WEB3似乎出現一線生機。我也是在二〇二一年夏天回到日本以後，全心全意關注WEB3的相關動向，希望能對其發展貢獻微薄的力量。

放眼日本的產業界，我認為有很多行業都會受益於WEB3，比如內容產業，它是

32 譯者註：《發展數位資產行政命令》（Executive Order on Ensuring Responsible Development of Digital Assets）。

現代日本的主要產業之一，可與NFT相輔相成。

如果從事這些產業的人提高科技素養，例如我在第28個提示介紹的，提出類似「NFT入場券」的有趣方案，也能加速日本在WEB3的進展吧！再加上政治家的努力，相信WEB3很有機會成為日本經濟復甦的突破口。

提示

58 金融機構放下對加密資產的戒心

前面提到，WEB3和內容產業的融合性絕佳。至於金融界與WEB3的融合，可能還處於靜觀其變的態度，但只要更多人意識到WEB3的重要性，金融界受到的衝擊性一定相當大。

當金融界成為去中心化金融DeFi；組織成為去中心化組織DAO，即使不是依附某一家公司也能工作、不需要申請銀行帳戶也能存款、不需要證券公司也能投資運用資產。而且加密經濟流動性更佳。當多數人注意到這個特性，現有的金融機關或公司將會遭到淘汰吧？我比過去更強烈感受到這樣的氛圍。

然而相關的當事者，感受到危機或變化必要性的人，似乎還很少。

處於這樣激烈變化的時期，只有能夠採取正確行動的人，才能存活下來。面對接二連三發生的變化，我們應當掌握好船舵，駛往正確的方向。因此如果沒有做好適當準備，將會十分危險。

日本常見的狀況，是在現存事物上使用新科技，就以為已經追上變化。以建築物來說，就像只是改變建築物外觀，進行拉皮，系統結構則毫無變化，這麼一來，就只是「新瓶裝舊酒」。

美國的證券公司，因應顧客需求把資金的一部分作為加密資金已成為理所當然的事。投資人現在已有「無法存放加密資產的證券公司，乾脆就結清帳戶」的思維，因此證券公司也有「無法存放加密資產，競爭力也會下降」的危機意識。美、日金融界思維上的巨大落差，是根源於日本在制度上的一個大問題。

依照日本的現行法律，金融機構無法成為經手交易加密資產的機構。如果想要成為交易加密資產業者，只能另外成立一家公司。這麼一來，也想把資金投入加密資產的客戶，不得不個別開立法幣及虛擬貨幣的帳戶。

這樣的制度，在日本，光是「將一部分資金挪到加密資產」就很難操作。如果真想這麼做，一定要設置一個加密資產專用的帳戶，在管理上會變得很麻煩，因而使得參與門檻變得過高。

說到底，或許是為了保護投資人，也可說是基於對加密資產的戒心而設置的「參與門檻」防火牆。只要這個障礙不拆除，日本金融界要邁向WEB3化就難如登天。

因為金融機關無法經手加密資產，使得投資人始終感到「加密資產很可疑」的氛圍也是一大因素。但另一方面，自我補充知識，對加密資產表示關心的人增加也是事實。

在這樣的情況下，對加密經濟有興趣，自行把資金投入DeFi的投資人增加，當現有銀行與證券公司警覺時，可能大勢已去。我的腦海不禁浮現這個令人擔憂的景象。

提示

59 修法留住新創企業與人才

雖然我長年在美國生活，但我並不認為美式作風推動事情的方式經濟效益一定比較高。而且，如果一切只思考經濟效益，任何事情都以金錢來換算，就不容易產生有趣的事物。

反過來說，任何事都要依循前例、慣例，重視繁文縟節的日本傳統，在某些情況下欠缺經濟效益。日本經濟一直沒起色，或許很大程度上受到這個傳統的影響。

近年來，日本是先進國家當中唯一沒有調升薪資的國家。薪資長期停滯使得國家經濟實力不斷走下坡。「工作得這麼辛苦，為什麼沒有錢呢？」因此而感到煩躁的人，尤其是年輕族群，一定相當多。

要打破這個現況，需要有巨大的震撼，我認為ＷＥＢ3有可能成為這個震撼。

過去也曾有過改變的契機。例如在二〇〇〇年開端，興起「IT革命」的浪潮，我還記得當時應政府邀請，和其他人一起提出許多今後該採取哪些行動與對策的建議。

當時強烈瀰漫一股「如果沒有跟上IT革命，日本就完了！」的氣氛，然而在網路普及後，熱度很快就下降。

之後發生東日本大地震，以及近三年有新冠肺炎疫情，但面對危機時，日本始終採取頭痛醫頭，腳痛醫腳的方式處理，並未從結構上改革社會、政治、產業，到頭來依然採取保守態度。

在這當中，要讓WEB3成為日本經濟復甦的破口，最要緊的是確保人才。

無論是國家還是企業，都需要懂得在數位領域中思考架構的人才，不能只是建立模板，只在表面上展現「正在做某事」。為了避免陷入只追求效率、假設問題一定有解決方案的解決主義，全體團隊一定要有共同的願景，從結構到設計都有能力完成。

因此，我也著力在大學教育上。不過，看了日本現況，發現有一些令我在意的地方。

那就是WEB3時代所需的優秀工程師，或前景看好的新創企業，正在不斷地把據點移向海外。

就在不久前，因為發現一位優秀的工程師，我正要打算委託工作給對方，卻遭到對方婉拒，「很榮幸您願意找我協助，但我必須盡早前往新加坡……」更讓我深刻感受到人才往海外流失的危機。

移轉到海外發展的企業中，也有來自日本，未來很有機會成為獨角獸企業[33]的區塊鏈新創公司，讓我覺得十分懊惱。

主要的原因在於日本的法令。發行或上市虛擬貨幣，由投資人認購的ＷＥＢ３新型態資金籌措方式，極受新創公司喜愛，但是，日本現階段不可能做到。

根據《日本經濟新聞》報導，假設發行上市100億日圓的虛擬貨幣，70％由自家公司持有，30％賣給投資人時，稅務上的處理是「公司持有70％」（70億日圓的未實現利益）、「賣給投資人的30％」（經費幾乎為0的營業額30億日圓），這麼一來，就會被視作「相當100億日圓的利益」而需要支付30％的稅率，亦即繳出30億日圓的稅金。

這等於是從投資人籌措而來的資金，必須完全繳納為稅金，發行虛擬貨幣的意義幾乎完全喪失。因而使得有能力的人才，放棄在日本籌措資金，相繼把資金投入稅制較為有利的新加坡等國家，這其實已是目前現正在發生的狀況。

既然原因很清楚，該做的事情就非常明確了。

就是打造一個能讓優秀的WEB3人才自由發揮的環境，既然現行法令無法規範加密經濟的問題，就該修法讓相關法令完備，但不能過度嚴苛。具體來說，為了打造新創公司可以發揮的環境，必須盡速調降虛擬貨幣發行與上市所課的重稅。

透過法令修正，集結優秀的數位人才，為他們在日本國內設置可以發揮的環境，並且在不久的將來有來自日本的國際適用標準，這才是最理想的。

另外，雖然是我經常和外國人合作而累積的印象，日本在多數外國人眼中的魅力，是擁有美食並且環境非常整潔的國家。千葉工業大學設立變革中心後，也有許多海外的優秀工程師聯絡我，希望我能找他們來日本工作。

既然如此，稅率要訂為0%雖然很困難，但至少訂定較低的稅率，除了將日本的獨角獸企業留在國內，同時也能吸引來自海外，前景看好的新創企業。

33原書註：企業市值十億美元以上，成立未滿十年的未上市的科技創業公司。

提示

60「下一個迪士尼」即將席捲日本

過去，有位動畫師創造了卡通人物「米奇」，而後誕生了全球無人不知的娛樂企業，華特迪士尼公司。

米奇是全世界最有名的老鼠，而創造米奇的華特．迪士尼，從電影製作到主題樂園，以各種形式讓人們看見夢想，這位企業創辦人被譽為「娛樂界的神」，至今在全世界仍有許多信徒。

現在用幾乎足以和迪士尼匹敵的氣勢成長，被稱為「下一個迪士尼」的，就是前面說過的「無聊猿」。

無聊猿最初只是一家販售NFT頭貼的企業，現在已經開始發行與銷售代幣，並在路線圖[34]中告訴使用者他們計畫展開包括遊戲、活動、元宇宙、虛擬土地等專案，加速擴大事業版圖。無聊猿二〇二一年的營業額，光是轉售交易就達一百億美元。而且這還只是一年左右的成長。

看過無聊猿頭貼的人，可能會覺得：「現在流行這種東西啊……（但我並不怎麼喜歡）」但現實情況是，它的發展已經遠遠超過單純的ＮＦＴ，或個人好惡的範疇。

「誰將成為ＷＥＢ3的霸主」是全世界關心的話題，就我來看，可能是微軟、Ｍｅｔａ、ＳＯＮＹ與無聊猿的對抗。

從最初只是猿猴模樣的圖像，演變為ＷＥＢ3的寵兒，無聊猿以其高階技術和雄厚資金橫掃現有的大企業，並席捲日本的日子，或許也即將來臨。這是已經可以想像十分有機會成真的未來。

34譯者註：Roadmap，ＮＦＴ專案中提供用戶知道此專案未來的發展與走向。

提示

61 爲什麼在日本無法誕生具破壞性的創新企業

無聊猿可以有如此驚人的成長，主要有兩個原因。

一是因為它的市場原本就是流動性高、國際化的加密經濟圈。另一個原因則是它不只發行NFT，還建立了無聊猿社群，將代幣投入社群來籌措資金。

無論NFT市場炒得多熱，光靠販售NFT藝術品要擴展社群規模總有它的極限。因此結合代幣的發行、上市等活絡社群的創意，正是充分發揮WEB3功能，讓無聊猿一枝獨秀的最大原因。

當我們看到這些令人歎為觀止的案例後，再反觀日本的現況，你會作何感想？

一邊是以「猿猴圖案的頭貼」為開端，藉著創新的思維走向全球，但日本則是只關注國內市場的大型ＩＴ企業，為了跟風而開始著手ＮＦＴ業務。

而他們的交易平台或錢包能交易的對象，竟然只限自家公司服務的使用者（會員），市場目標過度狹窄，只把ＮＦＴ視作數位化的週邊商品。跟無聊猿相比，規模大小的差異令人傻眼。

只有當各項構成要素相互連結時，才能說是ＷＥＢ３生態系統的代幣經濟。如果只取ＮＦＴ這個單一要素，僅販售數位化的商品，也只是做出一點「ＷＥＢ３感」，並不是真正的ＷＥＢ３。

提示

62 運用WEB3將內容產業轉爲全球規格

當然，日本也有日本特有的顧慮。

就如前面的說明，日本對代幣的發行、上市課以重稅，這並不是日本IT企業的錯。即使沒有稅制上的問題，現有的IT企業要產生代幣經濟功能，門檻本來就相當高。

實際上，國外也是先發行、上市通貨性代幣或證券性代幣（治理型代幣），並製作NFT遊戲，使其具有代幣經濟的功能來作為起步。

即使如此，我認為日本企業至少要有把NFT事業推向國際的想法，否則就太可惜了。

現在，如果是正在經營NFT行銷平台的大型企業，他們應該在技術和資金方面都有能力將日本的內容產業轉化為全球規格，朝向國際市場開展。

向現有的使用者推廣業務，是創業者經常面臨的難題。要專注於吸引現有的忠實客戶，又要兼顧擴展全球業務，很難兩全其美。因此有必要從更廣闊的視野來理解ＮＦＴ，以打破這個困境。

我非常希望日本的大型ＩＴ企業也能共同進入真正的ＷＥＢ３世界。當我回到日本時，就是希望作為全新的數位行銷總架構師，和大家一起打破傳統架構，進行改造，實現與ＷＥＢ３的融合。

或許日本擅長模仿文化性的表層，但不太擅長改變整體架構。

若觀察時尚及飲食文化，會發現日本可以毫無保留地融入外國元素，並巧妙地調整為日式風格。雖然外觀看起來非常多元，但內在精神卻始終堅固不移。

日本的獨門絕技在於巧妙地融合各種元素，並以自家風格呈現出來。即使外觀發生巨大變化，其內在本質卻始終如一。這種特質在某種程度上展現出日本人堅毅不屈的核心價值觀。

然而，在新科技可能引發重大典範轉移的時代，這樣的特色反而可能造成反效果。認為「日本就是日本，只要照我們的風格去做就好了」的思維，實在過度樂觀了。

連典範轉移都將自家風格視作唯一，很可能導致無法跟上新興的全球標準，最終被世界淘汰。

此外，前面提到內容產業與NFT有絕佳的融合性，但這一點在日本也發生令人遺憾的狀況。

日本的優秀作品無法走向開闊的國際市場，只販售給國內的使用者，實在很可惜，畢竟日本的內容產業擁有那麼多全球愛好者的作品。但關鍵的持有著作權的企業卻對於全球市場持觀望態度。

原因應該是對於無法掌控海外平台智慧財產權的疑慮，擔心萬一發生問題難以確認責任歸屬。另外，也可能是擔憂海外市場會與集團在日本國內的事業體競爭，也就是發生所謂的侵蝕效應。

然而，如果不放眼世界，未來會有什麼下場呢？這麼下去日本的內容產業極有可能不斷衰退，總有一天會遭世界遺忘。

幸好，日本的NFT市場仍處於起步階段。我們不應再抱著「不擅長海外市場」的態度，而是積極向國外學習，修正應當修改的法規，才能迎接更光明的未來。

因此，首先要有全球化的思維。觀察WEB3的趨勢，可以發現有很多以日本為主題的題材，這令我看到日本品牌在全球市場的地位。

在文化方面，也許有人認為日本輸給韓國的娛樂產業，但這並非事實。雖然並非全都日本人製作的，但「仿日本」的作品也相當受歡迎。

日本企業應該提升科技素養，關注全球市場趨勢，利用現有的優勢以全球市場為目標，迎接新的崛起契機。

提示

63 國內事務數位化，讓日本有全球化競爭力

我目前是日本政府數位廳「數位社會構想會議」的成員，致力於透過技術重新建構日本社會的計畫和討論。

數位廳在剛運作之際，不論能力或執行力都受到各界非議，但實際上不論來自官方或民間都有相當優秀的人才，是很傑出的團隊（或許因為我也是團隊之一，多少有些偏心的部分）。

無論如何，剛成立的團隊要推動數量遠超過一千個的專案並不容易，而且不能只是表面的改變，也必須就社會架構進行改變，需要花費不少時間。

就短期來說，新冠疫苗接種證明等一部分的服務，已出現成效。

讀者中或許有不少人使用過日本政府官方推出的「新冠疫苗接種證明」應用程式，發現比想像中操作順利且十分快速。這得歸功於政府與民間通力合作，開發出優秀的系統。

首先專注於全體國民高度關注的議題，並在可以看得到的領域展現一定成果，再將這個關鍵績效指標（KPI）拓展到其他項目，相信未來一定更容易展現成果。

中長期的部分，我們認為重要的，不僅是推動方的理論，也要重視接受方的理論。換句話說，必須確實聆聽國民的心聲，「不能讓任何人被遺棄（No one left behind）」[35]的服務設計，將所有人都能從改革中受益視為重點。未來將更積極進行全面性的改革。

成員當中有人深刻承受「一定得符合期待才行」的壓力，也有人承受非比尋常的工作量。面對不合時宜的法規，工作仍然困難重重。即使如此，在WEB3時代來臨的現在，我仍希望能傾注全力將日本打造成真正的數位社會。

以長期眼光來看，日本的社會變革最終目標，絕對不是只有讓國內事務走向數位化。

---

35 原書註：從體驗價值的角度，以客戶觀點重新檢視或創造服務。

雖然日本的技術能力倍受肯定，但日本並不擅長將其作為武器與世界競爭。來自日本企業的國際新創公司數量極少就是證明。

二戰後，當時若沒有出口產品到海外就無法生存的時代，誕生了本田汽車及SONY等世界級企業。

然而，高度經濟成長期過後，光靠國內市場已充分有利可圖的情況下，日本企業就鮮少與世界積極競爭。因為這樣的趨勢，銀行與證券公司，也採取最適合國內市場的經營模式。

不過，睽違十四年回到日本，就我看來，與過去相較，日本企業的全球化仍有長足的進展。母語為英語的國際人才也不斷增加。真正的勝負現在才開始。

就這層意義而言，今後日本應當進行的變革，不僅要將國內事務數位化，也要透過數位化將日本變革為全球化的存在。設定日本在全球擁有競爭力的長遠目標，是打開日本經濟復甦之門的唯一金鑰。

結語　展望科技帶來的變革

「讓日本社會的架構，朝向適合新科技的形式變革。現在正是我應該伸出援手的時候！」基於以上想法，我將個人活動的據點挪回睽違十四年的日本。

對於我個人，以及我所珍視的人和孩子而言，我希望日本能成為一個更宜居的國家。我從專業的角度出發，和不同領域的專家討論，嘗試將WEB3技術在日本社會落實，並以此為目標。

日本過去經歷了多次巨大的社會變革。其中最大的變革應該是明治維新，以及二戰戰敗了吧？明治維新因為美國等外在壓力成為催化劑，徹底推翻日本社會過去的體制，而二戰戰敗則是日本在經歷烈火燎原後，重新出發的契機。

看來，日本這個國家，在面臨某種不可抗拒的因素時，社會似乎需要經歷一次破壞才能重建。然而，這也反應出日本社會除非面臨現狀崩潰，否則極少在中途意識到需要改變。

對於我所講的「變革」，也許有人覺得其中帶有破壞的意思，但這不是我真正的用意。我的目標並不是「破壞後重生」（scrap and build），而是「蛻變」（transform）。不是破壞原本的形體，而是漸進式的改變。

無論技術方面有多大的革新，若是目標維持不變，社會、組織或個人也不會有改變。然而，如果任何事都保持原封不動，一定有很多人，特別是年輕的一代，都會感到困惑。

那麼，設定和過去不同的目標，去改變社會（不進行破壞），究竟該怎麼做呢？

目標源於願景，而願景則來自社會的主流價值觀。

七百年前，中世紀的義大利因為發明複式簿記，後來使經濟、商業活動成為人們生活的核心，誕生了現代資本主義社會結構，形成財富至上的主流價值觀。

現代社會也存在類似的思維。

由於經濟的成長，使更多人能夠參與社會活動，生活更加便利、富足。但是，資本主義下的社會，財富與權力容易集中到資本家手中，形成財富、資本的「中央集權」。因此形成貧富差距，環境破壞等問題也應運而生。只要是為了讓社會成長，無論如何都難以避免這樣的問題發生。

如果這麼繼續下去。前方等著我們的，將是一個崩壞的未來。簡單說，現有的主流價值，可能瀕臨瓦解邊緣。

到了二十一世紀，出現嶄新的區塊鏈技術：主張去中心化思想的比特幣，接著是「社群形式」的以太坊誕生，新局面則持續朝向WEB3進展。

就如本書前面的說明，WEB3的最大特徵是Decentralized，分散，把一切透過去中心化的科技為契機，讓我們的社會移向非中央集權、非資源集中化的主流思維。

在這裡，無論如何都應避免衍生新舊思維對立的局面，以免加劇衝突。雖然淘汰的情況在所難免，但超出社會可容許範圍，在舊思維方面發生龐大犧牲或反彈的話，將產生由摧毀到重建的破壞性社會變革。

為了避免這樣的情況發生，終究還是必須提升社會大眾在科技方面的素養。有必要讓社會大眾能夠想像這些科技可能帶來的社會變革。正是我寫作本書的目的。

隨著在WEB3時代，去中心化發生於社會的所有層面，財富及權力中心化將成為過時的思想。

即使國家這樣的組織無法避免中央集權的框架，但社會的每個角落，都會出現個人依循自我價值觀、興趣嗜好與生活型態去參與社會的多元形式。基於這樣的WEB3願景，我們要如何制定目標，重新建構社會呢？

這取決於我們每一個人。希望閱讀本書的各位，也務必一起共同思考、參與！

最後，向寫作本書時，給予諸多協助的各界人士，表達感謝之意。

在數位廳、金融廳、總務省等單位，日夜為日本的WEB3化而全力以赴年輕官員們，為了培育下一代的架構師而成立變革中心的千葉工業大學的各位，今後也請繼續批評指教。

從WEB1.0時期的商務夥伴，也是經歷WEB3變革時一起奮戰的Digital Garage共同創業者兼CEO林郁；同樣是在Digital Garage新設立數位架構實驗，極力給予協助的宇佐美克明、DG Lab Haus的北元均，以及總是協助我的田中美歌，非常感謝你們。

負責本書編輯的SB Creative小倉碧、自由撰稿人福島結實子，以及ＷＥＢ３的研究員comugi，謝謝各位協助本書編排製作。我長年的友人，在ＮＨＫ任職的倉又俊夫這次給了我許多建議，誠摯感謝。

此外，感謝ＢＳ東京電視台「Earthshot改變世界的科技」節目的所有工作人員。感謝我的Podcast節目「JOI ITO變革之路」製作團隊品田美帆，及全體工作人員，與所有聽眾；同時也感謝從這個節目誕生的Discord社群「Henkaku」的所有成員。

最後，我想向一直支持我，並與我共同面對從美國搬回日本這項重大人生選擇的妻子瑞佳與女兒輝生表示感謝。謝謝你們一直以來的支持。

二〇二二年五月吉日

伊藤穰一

WEB3趨勢大解讀
日本網路教父教你一次看懂元宇宙、區塊鏈、NFT

テクノロジーが 予測する未来

WEB3、メタバース、NFTで世界はこうなる

作　　者　伊藤穰一
譯　　者　卓惠娟
社　　長　陳蕙慧
責任編輯　翁淑靜
校　　對　沈如瑩
封面設計　Javick Studio
內頁排版　洪素貞
行銷企劃　陳雅雯

出　　版　木馬文化事業股份有限公司
發　　行　遠足文化事業股份有限公司(讀書共和國出版集團)
　　　　　231新北市新店區民權路108-4號8樓
電　　話　（02）22181417
傳　　真　（02）22180727
電子信箱　service@bookrep.com.tw
郵撥帳號　19588272木馬文化事業股份有限公司
客服專線　0800-221-029
法律顧問　華洋法律事務所 蘇文生律師
印　　刷　呈靖彩色印刷有限公司
初　　版　2023年8月

定　　價　400元
I S B N　978-626-314-472-9（紙本書）
　　　　　978-626-314-470-5（EPUB）
　　　　　978-626-314-469-9（PDF）

有著作權・侵害必究（缺頁或破損的書，請寄回更換）

WEB3 趨勢大解讀：日本網路教父教你一次看懂元宇宙、區塊鏈、NFT/ 伊藤穰一著；卓惠娟譯. -- 初版. -- 新北市：木馬文化事業股份有限公司出版：遠足文化事業股份有限公司發行, 2023.08
　面；　公分
譯自：テクノロジーが 予測する未 WEB3、メタバース、NFT で世界はこうなる
ISBN 978-626-314-472-9(平裝)

1.CST: 資訊社會 2.CST: 社會變遷

541.415　　　　112008926

TECHNOLOGY GA YOSOKUSURU MIRAI - WEB3, METAVERSE, NFT DE SEKAI WA KONARU BY JOICHI ITO
Copyright © 2022 JOICHI ITO
Original Japanese edition published by SB Creative Corp. 4
All rights reserved
Chinese (in Traditional character only) translation copyright © 2023 by Ecus Cultural Enterprise Ltd.
Chinese (in Traditional character only) translation rights arranged with SB Creative Corp., Tokyo through Bardon-Chinese Media Agency, Taipei.

特別聲明：書中言論不代表本社／集團之立場與意見，文責由作者自行承擔